浙江财经大学法学教育评论

主　编　李占荣

副主编　李政辉　李　伟　唐　勇

浙江工商大学出版社 | 杭州
ZHEJIANG GONGSHANG UNIVERSITY PRESS

图书在版编目(CIP)数据

浙江财经大学法学教育评论 / 李占荣主编. —杭州：
浙江工商大学出版社，2019.1
ISBN 978-7-5178-3110-5

Ⅰ. ①浙… Ⅱ. ①李… Ⅲ. ①法学教育—文集 Ⅳ.
①D90－53

中国版本图书馆 CIP 数据核字(2018)第 297666 号

浙江财经大学法学教育评论
ZHEJIANG CAIJING DAXUE FAXUE JIAOYU PINGLUN
主编 李占荣　副主编 李政辉　李　伟　唐　勇

责任编辑	刘淑娟　白小平
封面设计	林朦朦
责任印制	包建辉
出版发行	浙江工商大学出版社
	(杭州市教工路 198 号　邮政编码 310012)
	(E-mail:zjgsupress@163.com)
	(网址:http://www.zjgsupress.com)
	电话:0571-88904980,88831806(传真)
排　　版	杭州朝曦图文设计有限公司
印　　刷	虎彩印艺股份有限公司
开　　本	710mm×1000mm　1/16
印　　张	12
字　　数	206 千
版 印 次	2019 年 1 月第 1 版　2019 年 1 月第 1 次印刷
书　　号	ISBN 978-7-5178-3110-5
定　　价	42.00 元

序

　　浙江财经大学肩负着培养新时代财经特色法治人才的光荣使命。《浙江财经大学法学教育评论》即浙江财经大学法学院教师探索人才培养模式、创新教学范式和教学方法、思考法学教育未来所形成的理论成果。

　　浙江财经大学法学院成立于 2002 年,2005 年获得经济法学二级学科硕士学位授予权,2010 年获得法学一级学科硕士学位授予权,2014 年"非诉法律人才实验班"开始招生,2016 年法学专业获浙江省高校"十三五"优势专业建设项目立项。现有法学理论、宪法学与行政法学、民商法学、经济法学和国际法学 5 个学术硕士和法律硕士专业学位点,同时与中南财经政法大学法学院、浙江财经大学政府管制研究院、台湾科技大学智慧财产学院等机构联合培养宪法学、政府管制法学和知识产权法学的博士研究生。学院师资力量雄厚,目前共有法学专业教师 45 人,教授 12 人,副教授 14 人,其中博士生导师 3 人,硕士生导师 26 人。

　　学院坚持"以人才培养为中心,以学科建设为龙头,以专业建设为基础,以科学研究为导向"的发展目标,夯实人才培养体系的基础,狠抓本科层次人才培养,鼓励教师从事教学改革创新活动,激发了广大教师从事法科教学研究的积极性。近年来,学院教师先后获得省校两级的教改教研课题 16 项,其中,经济法学课程被正式认定为浙江省精品在线开放课程,金融法学课程被立项为浙江省精品在线开放课程建设。在校生获得创青春中国青年互联网创业大赛全国铜奖、大学生微创业行动浙江赛区银奖、浙江省第十四届挑战杯省赛二等奖、第一届全国财经高校法律职业技能大赛特别奖、浙江省首届法科大学生征文竞赛一等奖、杭州市大学生网络创业大赛一等奖等各类获奖50余项。

为展现浙江财经大学法学院教师在法学教育领域辛勤耕耘取得的成果,加强与法学教育界的对话交流,提升教学水平,浙江财经大学法学院与浙江工商大学出版社合作,编辑出版《浙江财经大学法学教育评论》。"不积跬步,无以至千里;不积小流,无以成江海。"期盼该书的出版能够为浙江财经大学的法学教育发展和法治人才培养提供新的助益。

浙江财经大学副校长

李占荣

2018 年 10 月 30 日

目 录

第三编　法学教育其他主题

第一编　人才培养模式

非诉法律人才培养模式:缘起、实施及反思

李占荣　冯　姣①

摘　要　基于对传统法学教育模式的突破尝试和借助财经类院校的专业优势,非诉讼法律人才实验班设立。非诉人才培养方案的特色,主要体现在四个方面:法学类课程与经管类课程的有机融合、理论导师与实务导师的双重指导、课堂教学改革与"每月一讲"的双管齐下、以赛促教与国际化的培养目标。对现阶段显露的问题,需通过观念的纠偏及退出机制的完善两方面着手,加以应对。

关键词　非诉法律人才;法学职业教育;培养模式

2014 年,《中共中央关于全面推进依法治国若干重大问题的决定》明确提出,要加强法治工作队伍建设,创新法治人才培养机制。这也是中共中央首次以决定的方式,对法治人才培养机制做出顶层设计。事实上,自法学教育恢复以来,对于法学教育模式的改革,一直未淡出教育者的视线。无论是法律硕士制度的建立,还是卓越法律人才教育培养计划的实施,实质上都是法学教育面对新的经济社会形势,对自身模式做出的变革探索。浙江财经大学法学院非诉讼法律人才实验班(以下简称非诉班),自 2014 年设立以来,迄今已逾 4 载。对非诉班培养模式的成败得失加以反思,可为中国法学教育模式的变革和改良,提供一个新的参照路径。

---

①　李占荣,法学博士,浙江财经大学副校长,教授,博士生导师;冯姣,法学博士,浙江财经大学法学院讲师。

一、缘起：基于对以往法学教育困境的突破尝试

（一）客观因素：法学教育"供""需"之间的矛盾

近些年来，随着社会主义法治进程的日益推进和依法治国观念的深入人心，法学专业在我国逐渐成为显学，各地院校纷纷设立法学院，呈现出表面上的欣欣向荣之势。统计数据显示，从全国范围来看，现有法学院校 600 多个，法学专业在校生 60 多万人，法学研究生 4 万多人。[①] 但与上述数据形成鲜明对比的，是法学毕业生令人尴尬的就业数据。《2017 年中国大学生就业报告》显示，法学属于就业率最低的专业，就业率仅为 86.1%，属于"红牌专业"。[②] 事实上，作为广义上的人文社科类专业，法学学科的生源质量并不差。在历经 4 年的专业化训练后，将近 14% 的毕业生却面临无业可就的窘境。输入与输出之间的不对等，其中的缘由，值得深思。

从世界范围来看，法学教育主要呈现出四个阶段。在经历学徒式法学教育、案例教学法、实践型法学教育之后，现代法学教育开始迈向相对成熟的综合化阶段。[③] 即便是在综合化阶段，法学教育采取诊所式的教育方法、苏格拉底式的授课模式、倡导法学与其他学科的交叉，但在此阶段，法学教育模式的本质并未更改。这主要体现在以下几个方面。首先，法学教育的主体未发生变化。不管是采用翻转课堂还是其他的新型教学手段，法学教育的主体始终是教授。法学教育者的理论功底毋庸置疑；但其实践能力，基于法学教育者的以往经历，因人而异，无法一概而论。其次，法学教育的内容未发生实质变更。即便是引入诊所教育等实践类课程，但无论英美法系的案例教学法，还是大陆法系传统意义上的理论研读和法条解析，其教育主体内容本身，并未发生变化，基本囿于法学学科视域内；且诊所教育仅作为选修课，所能影响的受众范围极为有限。最后，法学教育的目标仍是培养传统的诉讼实践型人才。三大诉讼法的框架性界定，模拟法庭大赛和各类辩论赛的大量举办，对法律文书格式和诉讼技巧培养的高度重视，

---

① 参见教育部网站：《教育史上的今天》，2017 年 12 月 6 日，http://www.moe.gov.cn/jyb_sjzl/moe_1695/tnull_42265.html。

② 晋浩天：《二〇一七年中国大学生就业报告发布》，《光明日报》2017 年 6 月 14 日，第 4 版。

③ 朱新力、胡铭：《职业主义法学教育与"2＋2＋2"卓越法律人才培养模式》，《中国大学教学》2014 年第 5 期。

都在实质上反映出法学教育对诉讼实践型人才培养的侧重。

事实上,随着经济社会的不断发展,社会对非诉业务呈现出大量的需求。一方面,从各个顶级律师事务所的业务量来看,世界前 100 名的律所基本是以非诉业务为主。近 20 年来我国非诉业务已有超越传统诉讼业务的趋势,国内大型律所都以非诉为主,如大成、金杜、君合、国浩、锦天城,这一趋势在长三角地区尤为明显。在汤森路透 ALB 公布的"2017 年中国最大 30 家律所"的报告中,上榜的律所基本以非诉业务为主。[①] 另一方面,从制度设置的层面来看,《律师法》第八条规定了特许律师制度,即"具有高等院校本科以上学历,在法律服务人员紧缺领域从事专业工作满十五年,具有高级职称或者同等专业水平并具有相应的专业法律知识的人员,申请专职律师执业的,经国务院司法行政部门考核合格,准予执业"。根据《特许律师执业考核条例(征求意见稿)》的规定,特许律师专业范围包括国际经济贸易法律服务领域、知识产权法律服务领域、金融证券法律服务领域、环境保护法律服务领域、高新技术法律服务领域等。上述紧缺领域,大多属于非诉法律服务的范畴。这反映出制度层面对非诉法律人才的渴求。

非诉法律人才的大量空缺与传统法律人才的大量过剩之间的矛盾体现了社会变迁对法学教育的新需求,也从另一个侧面折射出职业法学教育面临的客观瓶颈。法学本身并非一门自足的学科,在此背景下,有必要以社会需求为导向,对传统的法学教育模式进行变革和重组。

(二)借势:对财经院校特色和浙江省经济形势的有效利用

根据社会学家的观点,"势"是一种隐性的力量,其本身并不是直接作用对象的力量,而是依靠其他方面产生力量而作用。行动可以被认为是借助自己所拥有或创设的势去争夺更多的势。[②] 在起势、造势之后,面临的就是借势和用势的问题。在非诉实验班设立和实施过程中,"借势"主要体现在如下两个方面:

首先,浙江财经大学是以经管类学科为优势的大学,这为非诉法律人才的培养提供了强大的学科支撑。从非诉法律职业技能的类型上来看,其包含咨询、检索、文书起草和谈判。[③] 在上述类型中,无论商业活动的咨询、商业合同的起草,抑或是商事合作类的谈判,都涉及大量经济学、管理学、会计学等的内容。非诉

---

①　参见搜狐网:《排名公布 ｜ 2017 年中国最大 30 家律所》,2017 年 11 月 20 日,http://www.sohu.com/a/205564100_695873。

②　董海军:《依势博弈:基层社会维权行为的新解释框架》,《社会》2010 年第 5 期。

③　李政辉:《论非诉法律职业技能》,《中国大学教学》2015 年第 1 期。

法律人才的培养,亟须上述课程的设置作为支撑。浙江财经大学的前身为浙江财政银行学校,经济学、统计学、管理学等学科在全国和浙江省的各类学科评估中均名列前茅。现有的学科之"势",为非诉班的设立奠定了良好的基础条件。

其次,浙江省作为经济发达地区,经济活动对非诉法律服务有高质量的需求。以浙江金道律师事务所为例,其被评选为"非诉讼一站式精品所""2016年度中国PPP项目十佳律师事务所"。创始人表示:"大力发展非诉业务"不仅仅是律所成长的自我驱动,更是基于对市场判断之下的理性选择。[①] 破产重组、互联网金融、知识产权、税务等业务的精练程度,是律所实力和市场影响力评价的重要指标之一。但是,在浙江省外向型经济发展过程亟须专业法律人才保驾护航的情况下,部分领域却面临着人才短缺的窘况。如报道显示,浙江省能办理新型、高端涉外业务的法律服务人才缺乏。在全省1.7万名律师中,懂经济、懂外语、懂国际规则并能够熟练提供全程法律服务的律师不足百人。[②] 此外,律师的访谈亦透露,不少非诉律师的年收入甚至可以突破8位数。

职业律师的现身说法与看得见的市场缺口,为非诉班学生勾绘了美好的就业前景。上述职业愿景加之高额的职业回报率,对身陷择业困境、对未来充满迷惘的大学生而言,无疑打了一剂强心针,对现有的法学就业整体低迷之势,亦有拨云破雾之效。这在事实上可以吸引到更为优质的人才参与非诉班的选拔,为非诉班的运作提供人才保障。

二、实施及成效:以浙财非诉班为例的分析

非诉班对传统的法学教育进行了全方位改造,设立了独立的培养方案,创设了独立的教学环境。培养方案是对培养目标、培养过程等方面的基本设计,是保证教学质量和人才培养规格的重要文件,是组织教学过程、安排教学任务、确定教学编制的基本依据。[③] 相比一般法学学生的培养,非诉班培养方案的特色主要体现在以下几个方面。

---

① 毛姗姗:《浙江金道:11年,区域性大所的追梦之路》,2017年7月3日,http://www.acla.org.cn/article/page/detailById/20401。

② 陈三联:《涉外法律服务人才培养刻不容缓》,《浙江日报》2017年1月20日,第7版。

③ 朱健等:《改革人才培养方案培养高素质应用型人才》,《中国高等教育》2014年第5期。

(一)法学类课程与经管类课程的有机融合

在大学本科教育阶段,课程属"基础之基础",其在很大程度上,制约着学生从事其他专业类活动的可能性。从课程方面来看,非诉班学生的课程培养方案,相比一般法科学生的培养方案,主要有两个显著特色。

首先,是经管类课程的引入。非诉班学生除需要研修传统的法学类课程外,还需研修大量经管类课程,如经济学原理、财务管理等,上述课程的定位,与传统类的法学课程一样,均设定为专业必修课;此外,审计学、金融学、税收筹划等课程,则归属于专业选修课的范畴。对经管类课程的有意识添加,一方面可为学生未来从事非诉活动奠定良好的学科基础知识;另一方面,基于对上述课程的深入接触和了解,可使学生更有机会意识到现有法律对上述领域规制的欠缺和不足,以便更好地促进不同学科之间的互动。

其次,除了融合大量的经管类课程之外,法学类课程的设置亦与普通的法科生的培养方式存在不同。非诉班的课程设置,除传统的法学类核心主干课程外,新增物权法、债权法、财税法和金融法作为专业必修课程。从法学专业选修课的设置上来看,主要包括建筑房地产法理论与实务、International Financial Crime、法律谈判与辩论、公司法律实务、International Commercial Law、国际贸易法律实务等。上述法学类课程的设置,紧密围绕非诉的业务范畴开展,且放眼于国际,而非仅囿于国内的法律。

总而言之,非诉班课程培养方案的设置从宏观和微观两个层面,对非诉班人才的培养方式做出了框架性设计,对非诉班学生学习资源等的投入进行了有效的规划和指引。从现有的统计来看,已有部分非诉班的同学通过证券业从业资格考试。

(二)理论导师与实务导师的双重指导

创新法治人才培养机制,必须多方配合、增强合力,多措并举、协同攻关。[1]对于非诉班的学生,法学院除为每人配备一位校内的综合导师外,还额外配备一名职业律师作为其实务导师。

从职责的分工上来看,综合导师主要负责法学专业基础知识的指导。其指导方式主要包括如下几个方面。一是解惑。这主要是指学生在专业学习过程中

---

[1]　袁贵仁:《创新法治人才培养机制》,《人民日报》2014 年 12 月 12 日,第 7 版。

存在困惑时，对其加以引导，包括专业书籍的推荐、法学专业学习方法的传授、法学专业问题的解答等。二是指导学生进行课题的研究。法科学生在本科阶段就参与省部级甚至国家级科研项目的研究，这是非常难得的机会。对课题的有效参与，一方面有利于扩大学生的视野，把握法学研究的最新动向；另一方面，也可为日后法律文书的写作和非诉工作的胜任提供良好的逻辑与思维支撑。以非诉班的学生为例，不少学生在校期间就参与了包括国家社科基金、浙江省规划项目、杭州市规划项目等在内的多项课题的研究；而后，基于良好的科研训练，不少同学顺利考取国内顶级法学院的研究生。三是对学生专业学术论文的指导。对论文的指导，并不仅限于对本科毕业论文的指导，还包括对一般学术论文的指导。从现有的数据来看，有不少非诉班的学生在本科阶段即与导师一起合作，发表了高质量的学术论文。2015 级非诉班的一位学生发表的论文《联合国关于预防青少年犯罪的立场、措施与启示》被人大复印资料全文转载；另有非诉班的学生在 SCI 刊物 JOURNAL OF TROPICAL METEOROLOGY 上发表学术论文；此外，还有多名学生在省级类法学刊物和报刊上发表文章。

实务导师的职责主要包括两个层面：首先是课程的开设。建筑房地产法理论与实务、知识产权法与实务等课程，均由杭州该领域著名的律师开设。实务导师结合其自身办理的案件，阐述案件涉及的理论问题，以及其办案的程序问题，娓娓道来，广受学生好评。其次是暑期实践指导。在暑期，非诉班同学深入其实务导师所在的律所，跟随导师进行实务训练。在此过程中，实务导师布置学生进行实务课题的探索与研究。实习结束后，由实务导师对学生的实习做出评价。上述举措在媒体上引发了广泛关注，如司法部《法律与生活》网站、浙江在线、东方网等都对此做出了报道。基于 2015 级非诉班学生的实习报告和专业论文整理而形成的图书《法府拾穗》，已于 2017 年 5 月出版。

（三）课堂教学改革与"每月一讲"的双管齐下

与传统的大学授课模式不同，学校为非诉班专门建设了独立的教室，采用可移动组合的桌椅，促进小班化的讨论式教学。从师资的配备来看，非诉班在开课之前有一个遴选教师的过程。首先，基于发布的课程名称，任课老师需要提交《开设课程申请表》，对教学内容的设计、教学方法和测试方法的选择等问题做出阐述；与此同时，还需附上任课教师历年的学评教成绩。而后，基于教授委员会的讨论结果，学院对任课老师进行任命并加以公布。在教学过程中，学生有多重渠道对任课教师的教学方式和教学效果进行评价和反馈。对师资的严格筛选系保证教学效果的前提性要件。不同于一般法学专业课的授课模式,非诉班的教学侧重培养学生的实践能力、研究能力和创新意识,故在此过程中,讨论式教学方式贯穿始终。此外,为更好地确保讨论式教学模式的顺利开展,作为保障机制,学院将非诉班学生的课程代码与普通班学生的课程代码加以区分。上述措施,一方面可以控制上课的人数,确保精英化的教学;另一方面,也可在一定程度上,防止非诉班学生过多地选修一般的法学类选修课程,从而导致非诉法律人才培养方向的偏离。

"每月一讲"是指法学院每月邀请一名实务律师开展讲座与交流,以便学生更好地了解法律的实然状态。实务精英既包括省高院的法官、省检察院的检察官、浙江与上海著名律所的主任等业界知名人士,也包括相关领域的知名校友。讲座的开设,有利于弥补课堂教学的不足,确保学生接收司法实践的第一手信息。在应然与实然的碰撞与互动中,更为深入地了解法学的真谛和精髓。

(四)以赛促教与国际化的培养目标

积极参与学科竞赛系法科学科职业技能培养的重要路径。从其功能上来看,学科竞赛有利于培养学生的竞争能力,激发学生的学习积极性,促进学生对学科知识的理解与深化。[①] 非诉班的学生积极参与法律职业能力竞赛、模拟法庭大赛、辩论赛等,取得了良好的竞赛成绩。从 2014 年至今,每年都有学生以个人或团体的名义,获得省级以上的奖励。如 2014 级的非诉班学生获得了华东模拟法庭辩论集体三等奖、浙江省第三届大学生法律职业能力竞赛"勇往杯"模拟法庭比赛三等奖等;2015 级非诉班的学生获得了浙江省第三届大学法律职业能力竞赛法律演讲比赛二等奖、浙江省大学生模拟法庭比赛三等奖等;2016 级非诉班的学生获得了浙江省第四届大学生法律职业能力竞赛辩论类团体三等奖等。

为了更好地培养非诉班学生的专业分析能力,班级专门设立了"财经法律探索"研究课题。研究项目的题目由学生自行拟定,课题组成员一般为 2—4 人,且可包含非诉班各个年级的学生。项目周期为 1—2 年,结项时需要公开发表论文;其中,若论文发表在中文核心及以上级别的刊物,则可获得额外的奖励。从课题的实施效果来看,学生申请踊跃,自 2015 年以来,已有 15 项课题得以立项。从课题内容来看,既包括"第三方支付平台的法律责任""大数据时代的被遗忘

---

① 何勤华:《开展卓越法律人才培养促进法学专业改革》,《法学教育研究》2014 年第 10 期。

权——隐私保护与本土化"等前沿性、时代性的课题,也包括"老旧无主电梯维护责任归属纠纷及解决机制""同性婚姻在中国合法化问题研究"等相对传统性、基础性的问题。

为了适应国际化趋势,法学院积极拓宽国际交流的视野,与美国、澳大利亚高校签订了合作协议,与英国、中国台湾高校达成了合作意向。在同学出国留学上建立激励机制,激发了同学学习专业知识与英语的兴趣。从英语四六级考试通过率来看,2014级、2015级和2016级学生,四级通过率高达100%,六级通过率在80%以上;有同学甚至在全国性的英语比赛中获得名次,如2015级非诉班的学生获得2016"外研社杯"全国英语写作大赛二等奖及2016年APEC未来之声英语演讲比赛全国总决赛入围奖等奖项。此外,非诉班还采取外语授课和外教授课相结合的模式,开设全英文的课程。迄今为止,已有来自德国、美国、英国、澳大利亚等多个国家知名院校的教授给非诉班的学生授课。从出国读研的比例来看,目前,已有多位学生收到来自包括爱丁堡大学、The college of William & Mary、南加州大学等在内的多个国外著名大学法学院的邀请函,即将出国深造。

三、问题与改革:现实主义路径下的再推进

非诉法律人才培养模式的改革虽然取得了如上所述的一系列成效,但瑕瑜互见,长短并存,问题主要体现在以下几个方面。

首先,司考通过率与预期存在差距。司法考试制度是法学教育与法律职业之间的桥梁和纽带。[①] 国家司法考试的实施有利于统一法律职业的准入条件,建立法律职业共同体。而建立法律职业共同体,保证法律从业人员具有共同的职业语言、知识、技能、思维和伦理,保证法律职业共同体的统一性和同质化是所有现代法治国家的共同要求。[②] 无论从事诉讼业务还是非诉业务,通过司法考试都是执业的前提。从2014级非诉班学生的司法考试情况来看,通过率仅70%左右。这一数据与预期的90%以上的通过率存在不少的差距。究其原因,主要有两个:第一,封闭式的选课模式以及经管类课程的加入,客观上限制了非诉班学生接触其他法学选修课的可能性。如合同法、保险法、婚姻家庭法、立法

---

① 付子堂:《改革司法考试制度,推进国家治理法治化现代化》,《法制与社会发展》2014年第5期。
② 霍宪丹:《论当前我国的统一司法考试与法律教育改革》,《环球法律评论》2002年第1期。

法、中国司法制度等课程,均未对非诉班的学生开放。缺乏教师专业指引的自我学习,往往使学生难以有效应对可能的挑战,呈现捉襟见肘的窘态,学习效果亦大打折扣。第二,由于自身定位过于明晰与课程设置客观方面的倾斜,使得非诉班的不少学生过于注重对民商事法律的学习,而忽视对刑法和行政法等课程的学习。由于目标抑制的作用,专注会导致管窥,让人们的视野变窄,从而付出沉重的代价。① 从结果层面来看,不少学生卷二的得分惨不忍睹。

其次,从学生的就业选择来看,2014 级非诉班仅有 8 名学生选择进入律所工作,除考研和出国深造的同学外,其他学生还是倾向于选择公检法部门。通过对学生的调查,原因主要有以下三个。第一,父母的意愿。在不少父母的认知中,法官和检察官的社会地位普遍高于律师;而且,相比律师工作的不稳定和高强度,传统印象中公务员朝九晚五的工作更有规律性,也更方便对家庭的照顾。第二,非诉律师虽有其光鲜的一面,收入亦让社会上大多数人望尘莫及,但其背后所需付出的劳动却使得不少学生望而却步。"连轴转""健康透支"是不少非诉律师给自己贴的标签。长时间紧绷的工作状态,对于不少学生而言,是一场现实的"噩梦"。第三,认知随着学习的深入而发生变更。非诉班的招生在新生军训结束后启动,在当年 10 月 1 日前组班完成。彼时的学生,对于大学生活充满憧憬,但对法学专业却往往迷惘无知。被问及选择非诉班的原因时,典型的回答是"学长学姐的推荐""感觉实验班的资源比较多""随便报名"。对于何为"非诉"却浑然不知。而后,基于法学教育的开展,学生逐渐意识到自己感兴趣的部门法,开始形成自己的职业观。然而可惜的是,非诉班尚缺乏有效运作的退出机制。

在法学领域,现实主义主要包含直面实质问题的心理准备、超越共同体内部视角的开放视野、对形式主义工具性质的清醒认识。② 在现实主义路径的指引下,基于现存的困境,下一步的改革需要从以下几个方面入手,以便更好地实现非诉班设立的初衷。

一是观念的纠偏。从本质上来看,非诉仅是庞大的法律职业中的一个极小的分支。即便是在律师领域,律师业务亦可分为诉讼、非诉讼和涉外三类。基于此种认识,在对民商事法律强调和重视的同时,亦需关注理论法学以及其他部门法学内容的学习。有学者指出:合格的法律人才不仅需要有扎实的专业技能,还要有人文精神和职业伦理道德,并且应当具有国际视野。③ 对法治本身的推崇、

---

① ［美］塞德希尔·穆来纳森等:《稀缺》,魏薇等译,浙江人民出版社 2014 年版,第 21 页。
② 戴昕:《认真对待现实主义》,《环球法律评论》2015 年第 3 期。
③ 王利明:《法学教育的使命》,《中国法学教育研究》2017 年第 1 期。

对正当程序的遵守、对司法制度本质的深入探究,毫无疑问是测量个人法律素养的重要纬度。反之,仅将目光聚焦于特定的法学课程而忽视其他法学专业课程的学习,实则是一种本末倒置的做法,容易使自己陷入"只见树木不见森林"的被动局面。观念塑造行为。由此,在非诉学生培养过程中,应极力避免对"非诉"特性的过度强调而在事实上导致的对法律人共性的忽视,应在两者之间找到合适的均衡点,避免因短板效应的累积而成积重难返之势,最终造成职业选择的约束。

二是退出机制的完善。退出机制包括两个方面的内容:强制退出和自愿退出。强制退出主要是指当学生无法适应非诉班的学习时,强制其退回至原有班级学习的机制。从现有规定来看,强制淘汰的标准为:特定学生若一学年的排名处于班级后 5%,则被强制淘汰;但如果该生每门课成绩均在 75 分以上,经过非诉选拔小组成员的讨论,则可继续保留非诉班学习资格。事实上,强制退出机制虽已在制度层面设立,但可惜的是并未得到严格执行。由此导致的结果是,制度本身缺乏应有的威慑力,沦为摆设。自愿退出则主要是指当学生自身感觉不习惯非诉班的培养模式,而选择退回至法学普通班级学习或者调换专业的机制。对于因退出而产生的名额空缺,可经过二轮选拔,从法学普通班中选择优秀的学生加以填充。强制退出机制的完善和自愿退出机制的建立,一方面有利于发挥"鲶鱼效应",始终保持非诉班整体的活力,确保非诉班学生整体上的优质性;另一方面,则可给予学生二次选择专业的机会,防止其因初次抉择的失误而投入过高的机会成本,以致陷入难以摆脱的困境。

论非诉法律职业技能[1]

李政辉[2]

摘　要　法学教育的职业化转向已获认可,技能成为备受关注的主题。在法律实务中,非诉业务伴随经济的发展有超越诉讼业务的趋势,我国法学教育应重视非诉业务。非诉法律职业技能可分为四个方面:咨询;法律、案例、信息检索与综述;文书起草;谈判。我国法学教育界可与职业共同体共同努力,实现在非诉法律职业技能培育上的跨越式发展。

关键词　非诉法律;职业法学教育;职业技能

一、引　言

如何改革我国规模庞大的法学教育?在人才培养目标上实现职业化已成为法学界的通识,对此,前有霍宪丹教授的判断——"使法律人才的培养符合法律职业的基本要求"[3],后有葛云松教授的界定——"法学教育必须主要考虑毕业生将来的人生和职业需要"[4]。专家学者从不同角度论证、分析法律人才的职业化,与此相对的法律人才的学术化目标如果不是销声匿迹,至少也是退居到相对不重要的位置。

通往职业化人才的培养目标中,职业技能成为一个日渐显赫的话题。为了与侧重于制度沿革、学说要点、比较分析、论文写作等为培养内容的学术型人才培养相区别,理想状态下法律职业人士的技能,尤其是与其他职业相较具有差异性的技能,就成为法学教育的关注焦点。职业技能成为人才培养目标职业化的

---

① 本文发表于《中国大学教学》2015 年第 1 期。
② 李政辉,法学博士,浙江财经大学教务处处长,教授,硕士生导师。
③ 霍宪丹:《法律职业与法律人才培养》,《法学研究》2003 年第 4 期。
④ 葛云松:《法学教育的理想》,《中外法学》2014 年第 2 期。

外在象征与内在支撑。职业技能之不足正是对固有法学教育模式指责的主要依据,故而也当然成为职业化教育正当化的依据。

但职业技能从概念转化为现实还面临着众多问题,主要是职业技能可否作为教育的对象?由谁作为实施教育的主体?这些问题需要用理论做出回答。

依照《现代汉语词典》的解释,"技能"是掌握和运用专门技术的能力。在"职业技能"中,技能受限于"职业",法律职业技能是基于法律职业运行而提出的技能需求。问题在于,技能是否只能在手把手的学徒制之下得到养成,还是可以单列出来作为特定教育阶段的培养内容。从世界高教发展史来看,职业教育成为特定阶段的主要教学任务是一种趋势,这就是职业教育的兴起。即使在普通的本科学习中,职业化因素也深埋其中,如德国2020年优化学习条件目标的内容主要就是"对本科专业实践性的提高"。法学教育对职业技能的培养依两大法系呈现出区别,大陆法系更倾向于通过考试遴选特定人员进行大学后的职业培养,而英美法系则倾向于在大学阶段进行职业教育。美国法学教育是职业化的代表,"20世纪初,美国法学教育经历了从主要是学徒制培养模式到正式的职业教育模式的重大转变"[1],美国法学教育的目标可以简化为一个短语——像律师一样思考。对于大多数国家、地区而言,法学教育中的职业培训都是一个艰难的权衡,作为一个专业课程,法律到底是一个学术学门或是专业训练,两者不可避免地有着内在冲突,但作为最小公约数,从世界高等教育的大前提到法学教育的小前提可以推断出的结论是职业技能可以作为教育对象,这一结论对于长期忽视职业技能培养的我国尤其具有启发意义。

谁是职业技能的培养主体?作为一个放置在中国法学教育语境下讨论的题目,其主体当然会与法学院画上等号。法学院作为法学教育的承担者,负责从教学计划的设计到毕业生分配的全流程,课程体系中的实践类课程与师资也由法学院安排。虽然我国法学院受限于教育部高等学校法学类专业教学指导委员会规定的法学核心课程,但就比较而言,我国法学院无须如美国法学院接受律师协会所设委员会的准入与评估,教学安排也没有如同德国用法律规定那般严格,所以法学院在教学上具有一定的自主权。考虑到我国本科学生毕业所需的高学分,在扣除基础课与公共选修课之后,学生修读与专业相关的课程在25门以上,这在人才培养给了法学院上自由空间,至少他们可以在法律职业的某个方向进行创新与强化,非诉法律人才也正是这种设计思路的体现。但是具体到实践技

---

① Judith A. McMorrow:《美国法学教育和法律职业养成》,《法学家》2009年第6期。

能的培养,法学院是否能够承担则不无疑问。苏力教授在肯定"亟待强化法律技能教育"的同时,倾向于将该任务交由"毕业生就业后的用人单位"来完成。这无疑只看到了问题的一方面,事实上作为一个抽象名词的"用人单位"在现实中表现为千千万万、形态规模各异、价值取向不同的具体而细微的工作环境,指望所有主体都心怀教育之心并努力承担该种责任,显然不现实。具体到非诉法律领域,作为服务于公司企业的法律人员,其知识结构具有复合性,实践技能也具有相通之处,从效率的角度看,恰恰最好是由学校组织培训。必须看到,由法学院负责实践技能培训并不意味着所有的课程与环节都是在课堂中由专业教师来主持。在设计高效的课程并引入优秀实务教师上,法学院需要更积极主动,向业界敞开大门。

本文以法学教育的职业化、职业技能培养的必要性与可行性为预设前提,聚焦于非诉法律人才实践技能之培养,这属于职业化教育背景下职业技能的细分主题。

二、非诉法律职业的独立性

法学教育的职业化即以法律实务工作者为培养目标。虽然法律实务工作者类型众多,但大致可归为法官与律师,因为检察官、企业法务人员都可视为不同委托人的律师。如果考虑到法官的精英化及律师中的遴选机制,则律师几乎可视为法学教育的唯一目标,这正是美国法学教育的目标设定。在我国,从学生就业的角度而言,亦应以律师作为主要的培养目标。

依照迪特里希·鲁施迈耶的考证,律师职业的产生条件就是"科层与市场交换"[1],并且市场交换的作用更为重要。服务于市场交换主体的法律职业是现代社会的先驱,这是欧洲历史的经验,并一再被证实。苏力教授考察中国法律技能教育,也认为"在一个很少商业,很少都市人口的社会中,法律很难找到有支付能力的消费者。这就不可能有一个生机勃勃的法律职业"[2]。追根溯源,我们可以发现法律职业与市场经济的天然关系,而并非与诉讼有必然的联系。正如古代中国有发达的法典与审判体系,却没有发展出法律服务,原因就在于此。因此,针对当下法律服务区分为诉讼服务与非诉服务,而法学教育却几乎围绕诉讼展

---

① 迪特里希·鲁施迈耶著,于霄译:《律师与社会——美德两国法律职业比较研究》,上海三联书店2010年版,第37页。
② 苏力:《中国法律技能教育的制度分析》,《法学家》2008年第2期。

开的现状,明白律师职业的起源无疑具有深刻的反省意义。非诉业务更贴近律师职业的本来面貌。

其实不管理论上是否澄清,现实已经转变。在发达国家,以非诉作为职业类型的律师不但人数逐渐增多,而且在经济上居于优势地位。以美国为例,"在美国,重心由诉讼业务向顾问业务的转变发生在内战之后,并一直持续至今。……非诉法律业务主要集中在大型律师事务所中。在最大的律师事务所,非诉业务量可以达到 90%"①。同样的转变正在中国发生。2008 年针对北京市律所的调查显示,"非诉和诉讼业务基本持平的律师事务所达到五分之一,说明非诉业务出现迅猛发展势头"②;2012 年的调查与预测表明,我国律师业非诉业务增长迅猛,尤其对于中心城市的法律从业者,非诉业务成为增长的主要来源。③转变正在加速度进行:公司企业成为法律服务的主要采购者;律师界的成功者多为非诉律所与律师;行政主管部门正采取相应的措施做出改变。

我国庞大的法学教育应对如火如荼的非诉法律业务有所反应,这不但是对市场力量的尊重,更是对法律职业本来含义的复归。引入非诉法律职业作为教育培养的目标,法学院应系统考虑非诉法律人才的知识结构。服务于公司企业的商业活动决定了非诉法律人才仅仅只有法律知识是不够的,而应该有初步的财会与经管知识。并且,脱离长期以来以诉讼为假想实践环境的课程体系,法学院应系统设计非诉法律人才的职业技能与培训。可能面临的质疑是:这是不是对前沿性东西的追捧时髦之举?这是不是对特定方向与课程组的不适当强调?笔者对此给予否定的回答。增加几门时髦的课程或者设立一个名称靓丽的"方向"都是有违基础知识与技能培养的浮华之举。但非诉法律职业是与长期以来主导法学教育的诉讼活动平行的职业领域,其重要性甚至超过诉讼。对于法学教育而言,对此采用漠视的态度将进一步拉大法学院与社会的距离,从而在人才培养上可能得到南辕北辙的苦果。非诉法律职业不是靓丽的方向,也不是几门课程,它可能是大部分法律人终身从事的职业领域。在这个意义上,探讨非诉法律人才的职业技能就具有特别的意义,同时也具有一定的紧迫性。

① [美]迪特里希·鲁施迈耶著,于霄译:《律师与社会——美德两国法律职业比较研究》,上海三联书店 2010 年版,第 37 页。
② 杜福海:《中国律所非诉业务出现迅猛发展势头》,《法制日报》2008 年 9 月 14 日。

三、非诉法律职业技能的类型

作为一名具有专业法律知识、适当财会与经管知识的法律人才,从事非诉法律业务需要具备哪些区别于传统诉讼业务的职业技能?有观点认为这些技能包括法律洞察力、商业直觉力、逻辑思辨力、综合掌控力、文字表达力。[①]这些虽也涉及非诉职业技能的不同方面,但却过于一般,无法区别于一般的法律职业技能。"美国律师协会提出法律人应该具有十大技能:问题解决、法律分析和推理、法律研究、事实调查、交流、咨询、谈判、诉讼、法律工作的组织和管理、了解并应对职业道德问题。"[②]该分类更为具体合理。本文结合美国律师协会所提炼的技能,认为非诉法律职业技能主要包括四个方面:咨询,法律、案例、信息检索与综述,文书起草,谈判。

(一)咨询

非诉业务律师的工作具有前置性,这决定了律师与委托人需全程紧密合作,咨询活动贯穿业务始终,直至委托事项得到解决。会见是非诉业务的第一步,从律师角度而言,非诉业务来自当事人的委托,并且绝大部分是企业的委托。这当然需要律师与企业进行沟通,建立职业上的互信,从而缔造出非诉业务的委托与服务关系。在确立委托关系之后,开始一项复杂的非诉业务就是客户、律师与相关当事人需要不停进行会议、电话等沟通咨询。在斯蒂芬·克里格与理查德·诺伊曼合著的《律师执业基本技能:会见、咨询服务、谈判、有说服力的事实分析》[③]一书中,咨询被分为会见与咨询两项技能。但如果将非诉业务的完成作为一个完整流程来看,两者其实是一项活动的不同方面,密不可分。即使第一次会见客户,面对客户的法律问题、商业计划,律师也不可避免要涉及提供法律意见。故而,本文的咨询包含了会见与咨询。

正如诉讼程序可以脱离争议内容而成为独立的法律部门,非诉业务虽然内容千变万化,咨询亦可以作为独立的研究对象,提炼出其中的技能。完整的非诉咨询流程可归纳为准备会见、会见、确立法律问题、制定解决方案、讨论方案。该

---

① 阮子文:《律师非讼业务的思维与技能》,北京大学出版社 2013 年版,第 65—72 页。

② 许身健编:《实践性法学教育论丛(第一卷)》,知识产权出版社 2010 年版,第 6 页。

③ [美]斯蒂芬·克里格、[美]理查德·诺伊曼著,中伦金通律师事务所译:《律师执业基本技能:会见、咨询服务、谈判、有说服力的事实分析》,法律出版社 2006 年版。

流程的顺利进行涵盖了下文所列举的技能,单就程序而论,依照美国律师协会的《麦科特报告》,咨询需要的技能包含了与客户的有效沟通及向客户就决定或行动提供忠告。在一项针对律师的调查中,会晤技能在总分为 5 分的调查中获得了 3.85 分,高于程序法知识的 3.77 分,但在"法学院教育你的程度"中得分垫底。① 这说明该项技能并未受到应有的重视。

李大进主编的《非诉讼业务律师基础实务》一书将咨询作为独立的非诉业务类型,本文认为该种分类并不妥当。无论从律所专业分工还是律师个人职业规划而论,咨询都不是独立的业务类型,而只是推进各项业务的技能。只是我国对咨询的研究还刚刚开始,相应的培训更未展开。

(二)法律、案例、信息检索与综述

非诉业务是法律服务于经济的产物,经济领域的广泛性使得特定的非诉业务总是与特定的行业相关,这无疑增加了提供法律解决方案的难度,而现代国家采用凯恩斯主义之下所实施的经济管制政策更是增加了解决方案设计的难度。

作为应对,对法律、案例、信息进行检索与分析、综合的技能就非常重要。本文的法律采广义的法律含义,包括立法机关制定的法律,也包括行政机关制定的法规、规章、文件,后者对于非诉业务甚至更为重要。葛云松认为:"非诉律师中的大量业务,其实没有什么'法律含量',属于高薪的'低级'工作。……尤其是证监会多如牛毛的各种细致规定,只要'手熟'(熟悉有关法规和操作过程)即可,需要动脑筋的地方不多。"②此种观点值得商榷,在根本上,它充斥着一种对于日常法律生活的蔑视。法律职业并非仅仅处理富有"法律含量"的疑难案例,那或许是法学教授的兴趣与专长,却并非每一法律从业者日常的工作。更何况,熟悉行政机构的设置与权限、法规公文的层级与名称绝非是可有可无的训练。除了法律,非诉业务也需要对司法判决、商业交易模式具有分析处理能力,如对赌协议的司法认定显然会影响交易结构,阿里巴巴海外上市的结构则可以作为借鉴的模式。

事实上,针对非诉业务所提出的问题,在浩如烟海的法律、案例与信息中做出有效的检索,并针对特定制度环境中的交易做出法律分析是一项不输于学院派的研究工作。美国法学院开设的法律研究虽然是选修课,但一般都成为必修

① 参见何美欢:《论当代中国的普通法教育》,中国政法大学出版社 2005 年版,附录六、附录四。
② 参见李大进编:《非诉讼业务律师基础实务》,中国人民大学出版社 2014 年版,第三章。

课。美国律师协会为法学院制定的标准中明确规定课程应包括"法律分析和推理、法律查找、解决问题和口头表达的技能"。这使得以法律综述为成果的法律研究在美国法学教育中得到相应的培养与训练。反观我国,一名接受过我国及美国法学教育的实务界人士认为:"我国法学院的教学,以教授法学理论为主,与实践脱节的现象非常严重,因此对法律研究方法的教育非常欠缺。"①

(三)文书起草

非诉业务文书可分为两种:一种是常规交易文本,如商事合同;另一种是特定非诉文本,如法律意见书、项目建议书。前者需要与交易对象协商确定;后者则只是对特定法律事务的专业意见与判断。

非诉业务文书是上文法律、案例、信息检索与综述之后经过论证的产物,属于前后相续的步骤,但具有自身的特征。之所以将文书起草作为独立的技能之一,是基于如下原因。

第一,相较于诉讼文书,如起诉状、答辩状等,非诉业务文书是一种基于事前防范的产物。非诉业务文书并不力图说服中立的第三方,如诉讼文书所预设的与裁判者的关系。它更侧重于防范,需要对现状做出准确分析,对未来法律风险做出预测与规避设计。在常规交易文本中,非诉业务文本应力争使己方当事人处于合法前提下更为有利的地位。而在特定非诉文本中,无论对公众公开的上市法律意见书,还是只对委托人公开的建议书,都应符合合法、可行、经济等原则性要求。

第二,非诉业务文书在非诉业务中具有独特的重要性。在诉讼业务中,法院或其他裁决机构需要做出终局性的裁决,这成为衡量律师工作成效的一种客观标准。即使是调解,结案结果与预期之间的落差也会成为评判依据。但在相当部分的非诉业务中,非诉业务文书就是终局性成果,它的效果可能立刻呈现,也可能需要跟随项目经年累月运行后才得到论证或者被推翻。在非诉业务中的地位突显出非诉业务文书的重要性。

第三,文书写作的现状。在美国一项对法学院毕业生的大规模调查中,选择"写作的能力""十分重要"的比例在所有技能选项中居于第三位。② 在我国当下法学教育中,文书写作被命名为"司法文书",由于司法文书种类的有限性与格式

---

① 高忠智:《推开高端律师之门》,北京大学出版社 2009 年版,第 174—202 页。
② 参见何美欢:《论当代中国的普通法教育》,中国政法大学出版社 2005 年版,附录六、附录四。

的规范性,该课程的地位在逐步下降,这在整体上拉低了文书在法律技能中的地位。一方面是"在非讼业务中我们经常会使用各种法律文书,其使用比例或频率远远高于诉讼业务对文字的需求"①,另一方面是对文书写作培训的轻视甚至是放弃。这是出于将文书起草单列为独立技能的现实考虑。

对于我国法学教育而言,学生不但几乎未曾听闻非诉业务中广泛使用的法律意见书等文书,而且对围绕诉讼展开的教学安排也毫不顾及,因此将文书起草作为重要技能单列具有必要性。

(四)谈判

与专注服务于委托人的咨询不同,非诉业务中的谈判面向交易相对人,具有对抗色彩。但究其原因,法律关系的双方或多方当事人坐到一起,目的是获得各方都可接受的方案,追求的是一种共赢的结果,这同样适用于纠纷类谈判和合作类谈判。在纠纷类谈判中,造成损害的一方通过谈判减少的赔偿也是一种收益。

美国律师界有一句话"法律职业就是谈判","所有的律师培训都只有一个目的——就是解决客户的问题,而解决问题的最佳手段正是谈判"②。对于非诉业务而言,具有交易相对人的业务类型,如股权交易、公司并购,谈判更是交易进行的唯一途径。谈判就是各方表达各自的意见与立场,说服对方接受己方的方案。在合同理论中,这个过程被简约成要约与承诺,舍弃了所有的技能要素。

但事实上,谈判是特别需要并体现职业技能的活动。技能体现在两个方面:一方面谈判是不同步骤的有序进展,包括准备、开局、进行、结束,重点是谈判的进行,但参与者需要准备好每一个阶段;另一方面,在谈判的具体意思交流中需要用到各种不同的技能,如暗示、拖延、最后期限、让步、沉默等。

虽然"作为商业律师,参与谈判更是其日常工作的最重要的组成部分"③,但作为一项技能——谈判却被法学教育所忽视。美国法学院直到 20 世纪 90 年代方开设与谈判相关的课程,将其作为法律技能进行培训。我国法学教育显然未注意到谈判,这反映了我国法学教育还未重视技能。

---

① 阮子文:《律师非讼业务的思维与技能》,北京大学出版社 2013 年版,第 65—72 页。
② [美]X. M. 弗拉斯科纳、[美]H. 李·赫瑟林顿著,高如华译:《法律职业就是谈判——律师谈判制胜战略》,法律出版社 2005 年版,第 3 页。
③ 高忠智:《推开高端律师之门》,北京大学出版社 2009 年版,第 174—202 页。

四、结　语

非诉法律职业技能对于我国既有的法学教育而言是陌生的。我国法学教育长期以来以诉讼为当然的目标设定,鲜明地反映在课程设置中,法学核心课程包括实体法、程序法与模拟法庭等实践课程。非诉法律业务不仅非主流,甚至根本就不入流。有意识的轻视与无意识的忽视导致了规模庞大的法学教育与蓬勃发展的法律实务的脱节。并且,技能培训在我国高等教育中也处于不受重视的地位。两重因素的叠加使得非诉法律职业技能虽然为新生事物,却注定前途艰难。

客观而论,不但我国,即使连美国法学院也未对非诉法律职业做出过多的反应。这当然不能证明非诉法律职业不重要,也不能说明传统的法学理论与技能训练可以完全涵盖非诉法律职业的需求。它只能证明这是一个新的领域,一切都还刚刚开始。非诉法律职业的内容、特性缺乏理论上的归纳与类型化;从事非诉法律职业所需的技能就更是云遮雾罩。但正是在这种领域,我国法学教育才有创新的空间,并可以通过与职业共同体的衔接实现发展与超越。这不但关乎我国法学教育,也关乎我国经济运行的法律保障,这也是经济竞争力的体现。

真正触及非诉法律职业技能这一主题,就会发现其内涵深厚、内容丰富、跨越学科、自成一体。对于非诉法律职业技能的培训,高校法学院应扮演主要责任人的角色,整合财会、经管等学科力量,设置合理的跨学科的课程。更重要的是,法学院需要敞开大门办学,与法律职业界建立教学共同体,引入有实践经验的兼职教师,将精彩的现实真实呈现在学生面前。教育就是要让每一个理性的主体获得充分的信息,从而自由选择与设计,由教师帮助其实现自己的目标,获得职业发展所必需的道德、思维、知识与技能。庶几,教育可以无憾矣!

专业导向背景下财经类法学专业人才
培养模式优化思考

李 伟①

摘 要 2017 年开始的浙江省高考改革实现了从总分匹配到专业匹配的转变。在高考招生改革的倒逼之下,注重专业建设成为法学专业应对高考的必然途径,尊重学生意愿成为新的发展趋势。为了应对这些变化,财经类法学专业人才在培养模式上应当进一步强化财经特色,同时尝试本科人才的分层培养以增强自身的竞争力。

关键词 专业导向财经法律人才培养模式

2017 年开始,作为首批综合改革试点省份的浙江省实施新的高考方案,开始推行"专业＋学校"的专业平行志愿。经过两年的试点,作为传统长线投入专业的法学专业出现了招生较为火爆的情况,各校法学专业录取分数线均位于所在学校的中上游。2018 年,教育部制定了《普通高校法学本科专业教学质量国家标准》(以下简称《国标》),对法学本科专业人才培养规格、能力要求、课程体系、教学规范等内容做了明确规定。同时司法部制定的《国家统一法律职业资格考试实施办法》提高了参加法律职业资格考试的门槛,在校法学专业大学生和非法学专业从事法律工作未满三年者均不能报考。在这种情况下,如何适应社会对法学专业人才的需求,成为我们面临和解决的问题。本文拟根据财经高校的特点,就招生和法律资格考试改革,结合贯彻法学专业国标,对制定人才培养方案谈谈自己的看法。

---

① 李伟,博士,浙江财经大学法学院副院长,教授,博士生导师。

一、专业导向对法学专业人才培养的影响分析

(一)注重专业建设是应对新高考的必然选择

2017 年开始实行的浙江高考改革方案在考生价值判断方式上实现了高考志愿从"总分匹配"向"专业导向"的转变。[①]

该方案打破了传统的文理分科,提出了"3+3"的选考科目,普通类考生本科和专科合并,实行"专业＋学校"的专业平行志愿。普通类平行录取实行分段填报志愿、分段录取,招生院校不再分批次,而是以一所学校的一个专业(类)作为一个志愿单位。考生每次可填报不超过 80 个志愿,按1∶1 比例投档,不再有服从专业调剂的选项。这种录取模式将有效倒逼高校优化专业结构、办出专业特色,纠正和改善当前高校专业设置中的同质化现象,助推高校"双一流"建设。[②]

传统的总分匹配模式下,专业竞争更多地体现为高校综合实力的比拼,由于有"高校"这个大门的保护,相对弱势的专业只要学校投档线高,也能获得较好的生源。在专业匹配模式下,专业将直接面对考生的选择。根据我们对浙江这两年高考投档线的分析,发现考生在志愿填报时,首先看重的高校品牌,高校的身份优势反而得到进一步强化,拥有双一流、985 等光环的高校弱势专业基本不太受志愿填报方式的影响,以前招生过程中经常出现的大小年问题基本没有出现,以位于西部的某一流学科建设高校为例,该校处于西部中小城市,农林专业是该校优势专业,但该校社会学专业 2018 年投档分数线仍然超过浙江省一段线 40分,考生位置处于全省 18000 名左右,应该说招生形式较好。但在相同档次院校之间,专业匹配对优质生源的影响则相对较大,这主要是考生在填报志愿时,更多参考社会上有关的专业排名和考虑学校专业优势,例如在浙江进行法学招生的十几所高校中,排在前列的基本都是浙江省评定的优势和特色法学专业。

(二)尊重学生意愿是应对新高考的发展趋势

中国高等教育经历了从精英化到大众化的转型,在这一过程中,专业选择权成为社会关注的热点和高考招生改革的重要一环。专业选择合理赋权使个体和

---

① 王存宽、吕慈仙、杨桂珍:《从"总分匹配"到"专业导向"——高考志愿模式的转变对高校专业建设的驱动作用分析》,《教育研究》2016 年第 6 期。
② 冯成火:《以生为本平稳过渡决战决胜》,《中国考试》2017 年第 4 期。

专业之间达到最佳匹配,对于促进科学选才、维持社会公平、提高人才培养质量都具有重要的意义。① 浙江推行的"专业＋学校"模式就是为了满足学生的专业选择权,提高专业满意度,以学生为本,以学生需求为导向,维护考生利益。我们发现,这几年不少独立学院的医学类专业都实现了一段线招生,这就表明,只要专业为社会所急需,学生及其家长就完全愿意填报,而不受所谓的学校限制。

满足学生专业需求在实践中并不是仅仅靠简单的志愿填报就能一蹴而就的。一方面,如前所述,一些考生在填报志愿时,在专业和学校之间还是优先选择学校,这些同学进校后主观上有转专业愿望;另一方面,不少高校为了吸引优质生源,纷纷采取大类招生,实现专业协同,共同应对激烈的招生竞争,如浙江财经大学从 2018 年起实现按照学院大类招生,法学类包括法学和社会工作两个专业。大类招生不同于大类培养,大类招生始终需要分流,这就导致学生如何二次选专业问题。因此,在高考改革压力倒逼下,高校为了稳定优质生源,提高专业竞争力,在遵循学生自主意愿原则下,纷纷打破旧有的专业选择篱笆。例如2018 年,浙江财经大学改变了原有转专业人数不能超过专业 30％ 的比例限制,推行大类分流和专业准入准出制度②,只要符合一定条件,学生就可以自由选择专业。这样的做法无疑将激励学生学习,有利于提高学生自主学习能力,但可能带来的负面影响也是明显的,即学校部分弱势专业面临发展甚至生存的危机。

二、强化财经特色是专业导向下财经高校法学专业人才培养的必然选择

财经院校的法学教育是我国法学教育体系中的重要组成部分。它有法学教育的共性,但跟综合性大学、单设政法大学、理工科大学、师范大学的法学教育相比,它的特色还是比较鲜明的。③ 大多数财经院校的法学专业都依托学校的财经专业,服务财经专业。在专业导向下,特别是开放转专业限制后,确保优质生源不流失,学生能力得到进一步提升,必须进一步发挥财经高校法学特色。事实上,强化特色不仅是财经高校法学专业办学历史和定位所决定的,也是专业导向

---

① 吴合文:《恢复高考招生以来专业选择的价值提升与制度变革》,《陕西师范大学》(哲学社会科学版)2017 年第 7 期。

② 专业准入是指学生达到准入专业设定的条件后,可申请转入该专业修读;专业准出是指学生达到从准出专业毕业的专业课程(含全部准入及准出课程)要求,申请从准出专业毕业。

③ 喻中:《财经院校法学教育如何办出特色》,《光明日报》(高等教育版)2013 年 8 月 14 日,第16 版。

下各高校专业建设的选择。2017—2018 年,不少高校都在招生简章中明确了自身法学本科专业的人才培养特色,例如北京中医药大学的法学(医药卫生)、劳动关系学院的法学(劳动法与社会保障法方向)、中国民航大学的法学(航空法)、汕头大学的法学(涉外法务英语特色班)、江西科技师范大学的法学(企业法律实务)等。

设置合理的课程体系是优化人才培养模式的关键。[①] 强化财经高校法学专业特色必须首先从课程设置入手。在教学计划中,浙江财经大学法学院明确要求学生应当牢固掌握法学专业的基本知识和基本理论,具有较为扎实的财经管理、金融税收方面的基础知识,并形成合理的整体性知识结构。在具体课程安排上,尽管总学分只有 160 分,但在必修课环节,浙江财经大学仍然根据 2018 年《国标》的要求,核心课程采取“10＋8”分类设置模式,将与财经密切相关的经济法、知识产权法、商法、国际私法、国际经济法、环境资源法、劳动与社会保障法和财税法设置为专业必修课。积极开设财经类相关的选修课,适当降低开课人数限制,开设了企业与公司法、票据法、竞争法、财政法、保险法、信托与基金法、通信法、外国公司法、International Financial Crime、International Commercial Law等课程,突出财经与法律的融合。为了适应社会对非诉讼法律人才的需要,浙江财经大学还在法学大类分流时,专门开设了法学非诉班,其目的是培养熟悉非诉业务的主要类型与业务流程,具备从事非诉法律业务能力的法科学生。对于该实验班学生,除需要研修传统的法学类课程外,还须研修大量经管类课程,如经济学原理、会计学基础等,在选修课方面,加大实务类课程设置,开设了建筑房地产法理论与实务、法律谈判与辩论、公司法律实务、国际贸易法律实务等。

实践教学环节的财经特色融入。财经特色不能仅仅局限在经管课程的讲授上,还应该积极拓展到整个实践教学环节,覆盖第一、第二和第三课堂。在第一课堂方面,应当积极聘请财经实践经验丰富的律师、法官等实务师资参与课堂实践教学活动,如法律诊所等。近几年来,浙江财经大学法学院依托学校在浙江经济领域的校友资源,创新课堂教学方式,先后与浙江省律协知识产权专业委员会、盈科(杭州)律师事务所合作,分别共同开设知识产权法与实务、演技与辩论等课程。学校还与浙江浙联律师事务所共建浙联律师学院,共同聘请财经实务经验丰富的杭州律师担任优秀学生的实务导师,其主要职责是暑期实践指导,指导学生跟随导师进行实务训练,在此过程中,实务导师布置学生进行实务课题的

---

① 蒋悟真、杨浩楠:《财经院校卓越法律人才培养问题初探》,《中国大学教学》2012 年第 5 期。

探索与研究。在第二、第三课堂方面,应当围绕财经特色积极开展各项创新创业训练、学科竞赛和其他社会实践活动。浙江财经大学法学院专门设立了院级科研项目,鼓励学生开展财经领域的科研活动,设立专项资金用于学生参加全国财经高校法律职业比赛、"挑战杯"全国大学生课外学术科技作品竞赛等各类学科竞赛。

三、分层培养是专业导向下财经高校法学 专业人才培养的有益选择

分层教育是实现高等教育大众化阶段多元化、多样化和特色化质量观的有效途径,也符合社会对人才需求的多层次性。[①] 美国心理学家、教育家布鲁姆认为,只要在提供恰当的材料和进行教育的同时给每个学生提供适度的帮助和充分的时间,几乎所有的学生都能完成学习任务或达到规定的学习目标。随着我国高等教育进入大众化时代,学校招生规模日益扩大,社会对人才的需求日益多样化。因而,承认人才教育的层次性,研究高校内部分层教育的理论和实际操作方法,构建在统一的国家基本教育质量标准下的高校内部的多样性、多层次、个性化的教育模式,是提高高等教育质量的有效途径。[②]

我国高考改革总的趋势是尊重学生意愿,其中就包括了尊重学生就业意愿进行人才培养。传统的法学本科教育,注重为法院、检察院、律师事务所培养法律人才,随着我国经济社会的发展,法治中国目标的提出,更多的企业和社会组织需要法律人才。同时,就业压力和国际化的发展,学生考研和出国需求日益增长。但最近十几年的法学本科教育受到司法考试允许大四在校生报考的影响,正常的教学秩序受到一定影响,一些学校大四基本不开设课程,一些学生往往从大三下学期开始就专注司法考试,正常课堂教学秩序难以得到保证,分层培养法学人才往往流于形式,难以得到真正落实。或许是看到问题的所在,2018 年新的国家统一法律职业资格考试不再允许在校生参加,这就为根据学生成才意愿提供分层法律教育确保了时间。

在调查问卷基础上,经过科学研究,浙江财经大学法学院从 2018 级开始在新的教学计划中改变了只有人才培养一个出口的状态,通过设置个性化教学平

---

① 沈伯秀:《从过程管理视角探讨提升本科生培养质量的有效途径》,《南京航空航天大学》(社会科学版)2012 年第 4 期。

② 彭怀祖、杨建新:《基于分层教育理论的榜样教育实效性研究》,《思想教育研究》2010 年第 11 期。

台实现人才的错层次培养。个性化培养平台的目标是适应现代社会多元化人才结构的要求,为培养学生个性发展而设置的个性化培养,给每个学生提供最适合的教育,使学生的个性特长得到充分的发展。个性化课程教学平台设置 10 个学分,具体包括学术拔尖类和就业创业类,学生自主选择其中一个类型的选修课程。设置学术拔尖类模块的目标主要是为学生继续攻读研究生做准备,具体包括了法学方法论、比较宪法、法律经济学、民商法前沿问题研究、民商法学考研精讲、经济刑法、法学论文写作等课程。其中比较宪法、经济刑法两门课程是浙江财经大学法学院的研究生课程,选修这些课程的本科生将与研究生共同上课。如果学生继续攻读浙江财经大学法学研究生,其所修两门课程的学分将被认可,从而开辟了本硕贯通的学习通道。就业创业类模块主要目标是增强学生今后的就业能力,开设的课程主要包括法律实务、法律职业资格考试精讲、刑事辩护实务、国际投资法案例研究等。

法科毕业生就业状况与地方高校多元化法学本科人才培养模式的构建①

刘　勇②

摘　要　毕业生职业选择的多元化或"非法律化"是当前中国法学本科教育大众化的重要体现,我们必须接受这一事实,并且在这一重要前提下探讨法学本科教育的人才培养模式。从《2014年中国大学生就业报告》披露的情况来看,很多法科毕业生并没有从事严格意义上的法律职业,法科毕业生"就业难"问题的主要表现就是学生难以找到一个专业对口的职业或岗位。但是,把这一问题单纯地归咎于法学教育本身无疑是不够客观和公允的。地方高校法学院系的整体实力较弱,一定程度上正面临着法学教育的生存危机。我们应从拓展学生就业面、增强学生就业竞争力的角度出发,与重点高校进行人才培养的差异化竞争,同时摒弃同质化的法学本科人才培养模式与模糊的人才培养目标,实施"夯实基础、分类培养、突出能力"的多样化人才培养模式。

关键词　法学本科教育;职业多样化;地方高校;人才培养模式

　　法学本科教育的生命力在于培养符合多样化社会需求的法律专业人才,实践中就业率已经成为考核每一个法学院系的重要指标,能否找到适当的工作也是每一个法学本科学子关心的焦点。对于地方高校来说,法科毕业生"就业难"带来的不仅是外界对法学教育的广泛质疑,而且还有实实在在的生存压力。因此,我们应保障多元化就业为基本导向来反思与构建适当的法学本科人才培养模式。详言之,我们应通过若干数据指标来探明当前法科毕业生的就业状况如何,存在哪些问题,造成这些问题的深层次原因是什么,并在此基础上进一步反思法学本科人才培养模式存在的不足,提出有针对性的改革建议。本文拟就此

---

①　本文曾获2014年浙江财经大学"教学质量年"征文活动三等奖。
②　刘勇,法学博士,浙江财经大学法学院副教授,硕士生导师。

问题进行初步的探讨,期望能抛砖引玉,引发更为广泛的关注和研究。

一、法学本科毕业生就业状况调查——基于麦可思公司《2014 年中国大学生就业报告》的分析

对于社会各界来说,尽管本科法学专业毕业生的就业难现象已经成为比较普遍的共识,但该共识一直缺乏数据统计上的支撑,或者说很少有人能通过全面、深入的数据统计来揭示或阐明法科毕业生的就业到底"难"在什么地方。我们发现,麦可思公司(麦可思研究院)每年发布的《中国大学生就业报告》比较全面、客观地呈现了目前全国大学本科毕业生的年度就业状况,故可为本文的研究提供重要的依据。

麦可思公司是中国首家高等教育管理数据与咨询的专业公司,是高校、社会大众、用人单位和政府公认的第三方权威性数据机构。该公司每年出版《中国大学生就业报告》(就业蓝皮书),长期为国内高校提供年度数据跟踪与咨询服务,是教育部、人社部、司法部、中国科协、中国社科院、世界银行、哈佛大学中国教育论坛等机构的合作单位,是江苏、广东、湖北、河南等十余省级教育厅委托的大学生就业跟踪系统的承建单位。麦可思公司自 2007 年以来每年对毕业后半年大学生(含本科与高职高专)的就业状态和工作能力进行全国性调查研究,自 2010 年以来连续五年对调查过的毕业生进行毕业三年后的职业发展跟踪调查,并于 2009 年起连续发布年度《中国大学生就业报告》,2014 年已经是第六次年度报告。《中国大学生就业报告》已经为中国的众多高校、各级政府教育和人力资源主管部门、各企事业单位、各级学术研究机构、大学毕业生和高考生等所广泛参考。[1]

本文之所以选取麦可思公司《2014 年中国大学生就业报告》作为分析的依据,是因为该报告具有以下优点。第一,调查覆盖面广。2014 年度的调查共回收全国样本约 26.8 万,涉及本科专业 324 个,覆盖了全国 28 个省、直辖市与自治区以及本科生能够从事的 323 个行业、593 个职业。第二,调查对象有针对性,调查结果有较高的可信度。《2014 年中国大学生就业报告》的调查对象分别是毕业半年后的 2013 届大学毕业生与毕业三年后的 2010 届大学毕业生,包括"211"院校与非"211"院校,调查方式为通过电子邮件发放答题邀请函、问卷客户

---

[1]　麦可思研究院:《2014 年中国大学生就业报告》,社会科学文献出版社 2014 年版,第 3 页。

端链接和账户号。①

本文依据《2014 年中国大学生就业报告》的内容,对法学本科毕业生的就业状况进行了必要的数据整理,并将其特点总结如下。

第一,法科毕业生的就业率严重低于受调查本科毕业生的平均水平(见表1、表2)。

就业率=已就业本科毕业生数/需就业的总本科毕业生数的结果。

表 1　2011—2013 届本科法学大类专业②毕业生毕业半年后的就业率统计表③

届次	法学大类专业平均就业率(%)	全国本科 39 个专业大类的平均就业率(%)	法学在受调查的 39 个专业大类中的排名
2011	85.9	90.8	39
2012	86.1	91.5	39
2013	86.4	91.8	37

表 2　2011—2013 届本科法学专业毕业生毕业半年后的就业率统计表④

届次	法学专业平均就业率(%)	全国 50 个本科专业平均就业率(%)	法学在受调查的 50 个专业中的排名
2011	85.8	90.8	48
2012	86.0	91.5	50
2013	86.3	91.8	50

第二,工作与专业相关度严重低于受调查本科毕业生的平均水平。

工作与专业相关度=受雇全职工作并且与专业相关的毕业生人数/受雇全职工作的毕业生人数。

法科毕业生的工作与专业相关度严重低于全部受调查专业的平均水平(见表3)。

---

① 麦可思研究院:《2014 年中国大学生就业报告》,社会科学文献出版社 2014 年版,第 3—4 页。
② 法学大类专业包括法学类、监所管理类、马克思主义理论类、社会学类、民族宗教类、政治学类、公安学类等专业。百度百科,http://baike.baidu.com/view/5379270.htm? fr=aladdin。
③ 同①,第 50 页。
④ 同①,第 51—53 页。

表 3　2011—2013 届各专业大类毕业生的工作与专业相关度统计表①

届次	法学类专业的毕业生（%）	全国 9 个专业大类的平均专业相关度（%）	在受调查的 9 个专业大类中的排名情况
2011	48	67	9
2012	53	69	9
2013	53	69	9

　　《2014 年中国大学生就业报告》指出了 2013 届本科毕业生选择与专业无关工作的主要原因,包括"专业工作不符合自己的职业期待"（33%）、"迫于现实先就业再择业"（25%）、"专业工作岗位招聘少"（16%）、"达不到专业相关工作的要求"（11%）、"专业无关工作收入更高"（9%）等。②

　　第三,法科毕业生的就业满意度略高于全国平均水平（见表 4、表 5）。

　　就业在被调查的毕业生中,由就业人群对自己的就业现状进行主观判断,选项有"很满意""满意""不满意""很不满意""无法评估",共 5 项。其中,选择"满意"或"很满意"的人属于对就业现状满意,选择"不满意"或"很不满意"的人属于对就业现状不满意。

表 4　2012—2013 届法学大类专业毕业生毕业半年后的就业满意度统计表③

届次	法学大类专业毕业生的就业满意度（%）	9 个大类专业毕业生的平均就业满意度（%）	在受调查的 9 个专业大类中的排名情况
2012	59	58	2（并列）
2013	61	58	2（并列）

表 5　2013 届法学专业本科生毕业半年后的就业满意度统计表

届次	法学专业毕业生的就业满意度（%）	50 个专业毕业生的平均就业满意度（%）	在受调查的 50 个专业中的排名情况
2013	59	58	12（并列）

　　第四,法科毕业生的月收入略低于全国平均水平（见表 6、表 7）。

① 麦可思研究院:《2014 年中国大学生就业报告》,社会科学文献出版社 2014 年版,第 119 页。
② 同①,第 118 页。
③ 同①,第 81 页。

表6 2011—2013届法学大类专业毕业生毕业半年后的月收入统计表[1]

届次	法学大类专业毕业生毕业半年后的月收入（元）	9个大类专业毕业生毕业半年后的月收入（元）	在受调查的9个专业大类中的排名情况
2011	2934	3051	6
2012	3183	3366	7
2013	3411	3560	5

表7 2011—2013届法学专业本科生毕业半年后的月收入统计表[2]

届次	法学专业毕业生毕业半年后的月收入（元）	38个专业毕业生毕业半年后的平均月收入（元）	在受调查的38个专业中的排名情况
2011	2974	3051	28
2012	3322	3366	18
2013	3430	3560	21

  综上可见,在就业率、工作与专业相关度、月收入等关键指标上,法学专业毕业生的调查数据均低于全国平均水平,只有就业满意度高于全国平均水平。这就很容易理解为何麦可思研究院从2012年开始连续三年将法学专业列为本科就业红牌警告专业。笔者以为,造成法科学生就业难问题的根本原因还是法科人才的市场供需之间出现了偏差,即法学本科教育的快速扩张与法律实务部门有限的吸纳能力之间存在着巨大的鸿沟。据统计,目前我国共有623所高校开设法学类本科专业,本科在校生数29万多人。[3] 这说明每年大学本科毕业生的数量约为7万余人。而无论是法学院系还是在校生的数量,都远远超过法律实务部门的吸纳能力。据学者统计,作为我国法学本科毕业生最为专业对口的就业部门,我国法院和检察院系统根据自然减员和发展需要所能提供的职位每年大约为2.5万到3万人。[4] 而如果再排除其他潜在的竞争者,如转业军人、社会在职人员、其他专业的毕业生等,留给法学本科毕业生的就业岗位就更加屈指可数了。基于此,很多法科毕业生不得不花费更多的时间在法律实务部门之外去寻找其他可能的工作机会,这是导致毕业生毕业半年后的就业率以及工作与专

---

[1] 麦可思研究院:《2014年中国大学生就业报告》,社会科学文献出版社2014年版,第95页。
[2] 同[1],第82页。
[3] 杨晨光:《"卓越法律人才培养计划"专家咨询工作组成立》,《中国教育报》2011年4月2日,第10版。
[4] 李仁玉:《实践型法律人才培养探索》,《当代法学》2008年第3期。

业相关度比较低的客观原因。就笔者任教的法学院来说,情况也基本相同。据笔者统计,近三年(截至成稿时)本院法学本科毕业生进入专业对口的法律实务部门(含公、检、法、律师事务所、公证处、司法局等)工作的比例约为 25%,大多数法科毕业生最终选择到各类企业(包括制造业与服务业)工作。

由于法学本科生就业难的问题经年难以解决,有人主张法学本科教育应引入淘汰机制甚至取消法学本科教育。如有人认为,本科院校法学类专业存在参差不齐及毕业生就业难等现象。为此,教育行政部门应要求办学实力较弱、毕业生就业差的法学类专业本科院校减少或停办法学类专业的招生。① 笔者以为,本科教育扩招与大发展确实导致了法学本科的建设规模相对于市场需求来说过大的结果,但是压缩或取消法学本科教育既没有现实性(淘汰下来的法学教师何去何从),也没有合理性(就业难的问题并非法学本科所独有)。此外,笔者并不认为就业率低或工作与专业相关度低就应单纯地归咎于法学专业本身,或者说就业难的问题并不完全是由法学专业本身所造成的,以就业难为由来限制甚至取消法学本科教育的做法并不公允。例如,很多国家或地区要求参加司法职业资格考试或律师资格考试的考生必须经过严格、系统的法学教育,不具备法学教育背景的毕业生或社会在职人员连参加考试的机会都没有,更不用说从事各类法律职业了。但是,目前我国并无此严格要求,国家司法职业资格考试的低门槛导致大量非法学专业的毕业生或社会在职人员都有机会通过此考试来进入法律实务部门工作。考虑到这些部门的就业岗位十分有限,这客观上使得许多法科毕业生即使通过了司法考试也很难进入法院、检察院、律师事务所等单位工作。有些讽刺的是,现实中部分非法科毕业生通过短时间、高强度的考前培训甚至能考出远高于法科学生的司考分数。这无可避免地进一步打击了社会各界对本科法学教育的认可度。

二、当前法科学生就业状况对地方高校法学院人才培养模式的改革启示

(一)与重点高校进行人才培养的差异化竞争

地方高校法学院系普遍存在设立时间短、师资队伍力量薄弱、各种资源投入

---

① 张西恒、张海水:《对我国法学教育系统层次调整的思考》,《重庆第二师范学院学报》2014 年第 4 期。

少、优质生源较少等窘境,再加上法律实务部门的就业岗位十分有限等客观因素,这客观上导致地方高校的毕业生在就业市场上难以与"211"、"985"高校的学生进行竞争。甚至,不少法律实务部门(如某些高端律师所)只选择从"211"、"985"高校中招收法科毕业生,地方高校的毕业生连竞争的机会都没有。进言之,在教育部实施"卓越法律人才培养教育计划"后,重点高校获得了更多的政策、资金上的支持,它们与地方普通高校之间的差距有越拉越大之势,客观上使得"强者愈强、弱者愈弱"。2012 年教育部批准北京大学、中国人民大学等 58 所高校为首批应用型、复合型法律职业人才教育培养基地,中国政法大学、复旦大学等 22 所高校为首批涉外法律人才教育培养基地,内蒙古大学、西南民族大学等 12 所高校为首批西部基层法律人才教育培养基地。除了西部基层法律人才教育培养基地外,获批的高校基本上为"211"或"985"高校。那么,地方高校的法学院系应如何拓展生存空间和发展法学本科教育呢?

笔者以为,鉴于法科毕业生的就业难现状以及大多数学生进入各类非法律实务部门工作的客观事实,同时考虑到地方高校的法学教育基础比较薄弱,毕业生在法律职业市场难以与重点高校相竞争,地方高校的人才培养模式不应再盲目地追求与重点高校看齐,而是应大胆创新,寻找突破口,进行差异化与个性化定位。也就是说,在建设基础、政策保障与资源投入存在严重不足的情况下,地方高校的人才培养目标不可能与"211"或"985"高校相一致,而是应顺应多样化的社会需求,突出特色,实施分类培养、因材施教的教育模式。例如,地方高校法学院系应依托本校的优势或特色学科,在法学专业的学生中努力培养有特色的复合型、应用型人才,尝试制订"法律+金融""法律+贸易"等交叉性人才培养方案。

(二)摒弃同质化的法学本科人才培养模式与模糊的人才培养目标

当前地方高校法学院系的人才培养模式普遍存在同质化现象,且人才培养目标的定位不够清晰。同质化的人才培养模式的重要表现是各法学院系在教学内容、教学方法上均十分雷同。例如,教师花大量时间来讲授"宪法"等十四门核心课程,注重法条的深度解析;学生的自主学习能力、实践能力与法律技能培养未得到足够的重视;法学院普遍把提高国家司法资格考试的通过率作为一个重要的建设目标或者相互竞争的重要途径,这更助长了学生中业已存在的"一切以司法考试为先"的风气。另外,大多数高校法学专业的培养方案都倡导要培养符合社会主义现代化建设与社会需求的人才,或培养合格的法官、检察官与律师等法律职业人才,但是该目标并没有界定"符合社会主义现代化建设与社会需求"的基本内涵,这种人才培养目标难免失之空洞,无法对教育实践起到足够的引领作用。此外,就业市场的客观事实证明,法律实务部门对法官、检察官、律师等人才的需求十分有限,只有少数学生才能成为最终的"幸运儿"。按此逻辑,难道未成为法官、检察官或律师的法科毕业生就不是合格的人才了?

同质化的人才培养模式与模糊的目标定位并没有真正顾及法科学生毕业后的多元化就业与职业发展需要,同时一定程度上导致法科毕业生不得不在同类或同层次的就业市场展开过于惨烈的竞争。这也是法科学生就业率低的一个重要原因。例如,就笔者工作的法学院来说,绝大多数应届毕业生会报考当年度的国家或省级公务员,但毫无疑问,只有极少数人才会成为最终的成功者。待到"考公"失败的毕业生再进入就业市场(此时已经是毕业当年的2、3月),他们往往会尴尬地发现自己已经错过了最佳的就业时机。甚至,有些学生首次司考未通过后,拒绝实质性的就业,而是选择在毕业后继续全力准备司考。

(三)建立"夯实基础、分类培养、突出能力"的多元化人才培养模式

为避免法科毕业生在就业市场陷入同质化、低效率的竞争,同时考虑到毕业生事实上的就业岗位已然十分多元化,地方高校应认清现实,抛弃幻想,切实反思自己的人才培养模式与目标,同时建立以促进多元化就业为导向的、以"夯实基础、分类培养、突出能力"为基本理念的人才培养模式与目标。在笔者看来,地方高校也大可不必妄自菲薄,因为除了严格意义上的法律职业外,大学法科毕业生的潜在就业面还是比较广阔的。我们可以从《2014年中国大学生就业报告》所披露的大学本科毕业生主要职业与行业的分布情况中得到一些启发。

值得一提的是,与法学专业的相关度最高的职业"公安/检察/法院/经济执法"与"律师/律政调查员"仅分别排名第13与第37位。这从另一个方面证明了法律实务部门的就业岗位确实十分有限,而法科学生就业难主要难在找到一个专业对口的职业。

表 8　2011—2013 届本科毕业生从事的前 10 位主要职业类排名①

职业类名称	就业比例（%）		
	2013 届	2012 届	2011 届
行政/后勤	8.5	8.7	9.6
建筑工程	8.3	5.4	4.4
财务/审计/税务/统计	8.1	10.4	10.3
销售	7.5	10.0	10.9
计算机与数据处理	5.9	7.2	6.9
中小学教育	5.6	3.8	4.2
电气/电子(不包括计算机)	5.4	4.8	4.7
金融(银行/基金/证券/期货/理财)	5.3	7.2	7.1
机械/仪器仪表	4.5	3.6	3.2
高等教育/职业培训	2.8	1.7	1.9

表 9　2011—2013 届本科毕业生从事的前 10 位主要行业类排名②

职业类名称	就业比例（单位:%）		
	2013 届	2012 届	2011 届
建筑业	10.6	7.4	6.5
教育业	10.0	7.2	7.7
媒体、信息及通信产业	8.7	10.0	10.5
金融(银行/保险/证券)业	8.5	10.7	11.0
电子电气仪器设备及电脑制造业	7.2	7.9	8.9
政府及公共管理	6.6	6.4	5.9
各类专业设计与咨询服务业	5.4	5.3	5.7
机械五金制造业	4.7	4.8	4.6
化学品、化工、塑胶业	3.7	4.1	4.3
零售商业	3.5	4.5	4.6

表8、表9中排名靠前的职业或行业大类具有一个共同特点,即能提供的就业岗位数量多,对劳动力的吸纳能力十分强大,同时对毕业生所受教育的专业背

① 麦可思研究院:《2014 年中国大学生就业报告》,社会科学文献出版社 2014 年版,第 57 页。
② 同①,第 62 页。

景并不十分看重,毕业生主要靠就业后的个人阅历与努力来取得职业发展。对于法科学生来说,两表中的部分职业或行业(黑体加重部分)均是比较可行的就业方向。据笔者了解,实践中已经有相当比例的法科毕业生进入金融、销售、信息、咨询、教育等行业工作。

基于此,地方高校应从拓展学生就业面、增强学生就业竞争力的角度出发,采用"夯实基础、分类培养、突出能力"的人才培养模式。就人才培养目标来说,地方高校首先应致力于培养能掌握法学各学科的基本理论与知识、比较熟悉各部门法的基本法律制度的人才,这是"夯实基础"的重要体现,也是法学本科教育的基本要求;其次,应根据学生的职业规划以及个性化需求,实施"分类培养"的教学方案,引导、鼓励学生修读贸易、金融、财务、信息等相关专业的课程,提升学生应对多样化社会需求的能力;再次,应把能力培养(而非知识传授)作为法学教育的核心目标。清华大学何美欢教授也曾犀利地指出:"讨论中国法学教育首先要讨论技能,因为技能的培育是专业法学教育的核心而中国法学教育的严重缺陷就是技能培育的全方位缺席。"①当今中国社会处于高速发展与变迁的时代,传统的法学教育模式所强调的法学知识的系统传授与法条的深度解析固然重要,但面对快速变化的社会现实,法学知识与法条都有可能很快过时,或被学生所遗忘,但学生在大学本科阶段所逐步养成的各种能力与素养却不会过时,且能满足自己的多样化职业需求,还可能帮助学生在残酷的职场竞争中脱颖而出。这些能力主要包括:终生学习与自主学习能力,法律思维、分析与推理能力,团队分工与协作能力,组织与管理各种事务的能力,人际交往与沟通能力、语言表达能力,运用法学理论和法律制度来分析与解决实际问题的能力,专业谈判能力,法律文书写作、法庭辩论、会见当事人等基本技能。

三、实施多元化人才培养模式的主要路径

(一)充分尊重法学院系的办学自主权

实施多元化人才培养模式的首要前提是法学院系有足够的办学自主权,也就是能够比较独立自主地拟定人才培养目标、设置课程体系与各课程的学分安排,同时确保法学院系在引进与培养师资、教学方法、学生考核与教师评价方面

---

① 何美欢:《理想的专业法学教育》,中国政法大学出版社 2011 年版,第 34 页。

也拥有较大的权限。例如,就法学本科教育而言,除了公共类政治科目与法学十四门核心课程外,法学院应可自主决定开设校内课堂与校外课堂所涉课程、哪些是必修课与选修课,以及学分如何安排等重要事项。目前很多高校法学专业的第一、二学年都花费大量时间在公共英语上,甚至有些学校还要求法科学生必须修读高等数学。考虑到法科学生毕业后很少用到英语或数学方面的专业知识,笔者建议法学院应有权将这些课程改为选修课(而不是听从教务处的统一安排)。

(二)加强师资队伍建设,采用"请进来"与"送出去"并重的政策

法学院要培养合格的适应多样化就业岗位的法学毕业生,首先要拥有一支合格的、过硬的师资队伍。目前的问题是,地方高校法学院的教师绝大部分是来自于知名高校的博士毕业生,其人生阅历仅限于从高校到高校,没有或基本没有从事法律实务的经验。这就很容易导致法学教师喜欢"坐而论道",过于注重理论的讲解、知识的传授,而忽略了法律技巧的训练和职业能力的培养,造成学生在职场上缺乏足够的竞争力。所以,法学院应安排这部分教师进入到法院、检察院、律师事务所、企业法务部门等进行一定时间的挂职锻炼,使他们能逐步熟悉法律职业或与法律有相关性的职业的工作流程与内容,积累职业经验,完善自己的知识结构。另一方面,法学院在引进教师时也应"不拘一格降人才",不要局限于知名高校的博士毕业生,可从法律实务部门引进一些经验丰富、有志于法学教育的全职或兼职教师,并要提供相对优厚的薪酬待遇和灵活的考评机制。

(三)分类培养,在夯实基础的前提下办出特色

地方高校的法学院系要重视毕业生就业"非法律化"或多样化的客观事实,同时也要正视每一个学生在天资、智力、学习投入程度、职业规划等方面存在的差异,故应采用"分类培养、因材施教"的基本模式。首先,所有的法科毕业生都要完成"中国近现代史"等公共必修课以及"宪法学"等十四门核心课程的学习;其次,从二年级第一学期或第二学期开始,依据学生的志愿进行分流与组班,例如尝试组建"法律+金融""法律+会计"等复合型、应用型实验班,或者针对目前法律职业市场日益细分、对非诉讼法律人才需求增加等特点,组建非诉班。这种小班化教学模式需要学校加大各方面的资源投入以及政策上的支持力度。另外,法学院系还可依托所在高校的特色与优势学科,培养其他"法律+××"的复合型人才。

(四)理性定位司法考试的角色,摒弃"唯司法考论"的错误观点

通过司法考试是法学本科毕业生从事法律职业的必备要件,其重要性不言自明,但法学教育的目的不可能就是通过司法考试,法学本科教育也不可能就是"办司考培训班",因为短期的司考培训班不可能帮助学生塑造法律人所必备的职业道德、法律信仰、专业素养与思维习惯。司法考试是法学教育与法律职业的桥梁,司法考试与法学教育两者之间应当相互促进,建立一种良性互动关系。但是,老师不应过度解读司法考试的重要性,并且应引导学生摒弃"唯司法考试论"的错误观点。目前法科学生在四年级上学期即可参加司法考试,备考过程对正常教学的冲击已经显而易见。笔者并不反对学生在校期间参考,而是反对学生过度拘泥于司法考试,有些学生即使是毕业后也把所有的资源都投入司法考试,反而错失了适当的就业机会,给自己的职业发展带来不必要的伤害。

(五)建立科学合理的师生考核机制

法学院的教师队伍是否合格、人才培养是否成功,需要有科学、合理、灵活和准确度高的考核机制来予以验证。对于教师来说,法学院应摒弃"唯科研论"的错误观念,降低科研成果方面的要求,对于教学业绩与表现可采用学生、专家与同行(教师代表)三方打分的机制,力求考核结果更加客观公正。对外引进的校外兼职教师,应采用更加灵活的考核方式。另外,还应改进针对学生的考核方式。当前,对法学专业学生的考核过于注重知识点的记忆和背诵,学生往往只要通过简单的记忆就可通过期末考试。这种考核方式忽视了学生职业能力(如思辨能力、语言表达能力等)的培养。应加大学生平时成绩的比例,加强学生的日常考核,并适当运用学生竞赛(如法律英语比赛、模拟法庭比赛等)、论文写作、参加第二课堂学习(如各种社会实践)等灵活的考核方式来替代书面考试。也就是说,在重要学科竞赛中获得奖项或能在核心刊物上发表学术论文或在社会实践中表现优秀的学生可免于参加期末考试。

四、结　语

毕业生职业选择的多元化或"非法律化"是当前中国法学本科教育大众化的重要体现,我们必须接受这一事实,并且在这一重要前提下探讨法学本科教育的人才培养模式。很多法科毕业生并没有从事严格意义上的法律职业,他们可能

会从事经济管理(如税务部门)或金融服务(如银行)或基层公共服务(如街道办)等非法律职业。总之,法学毕业生的"就业难"问题的主要表现就是学生难以找到一个专业对口的职业或岗位。但是,本文的研究结果表明,把这一问题单纯地归咎于法学教育本身无疑是不够客观和公允的。

对于不少地方高校的法学院系来说,由于普遍存在建设时间短、资源投入有限、师资力量薄弱、难获教育主管部门的政策照顾等困难,整体实力与211、985高校有较大的差距,法学本科教育甚至面临着如何生存的难题。为此,地方高校应从拓展学生就业面、增强学生就业竞争力的角度出发,与重点高校进行人才培养的差异化竞争,同时摒弃同质化的法学本科人才培养模式与模糊的人才培养目标,实施"夯实基础、分类培养、突出能力"的多元化人才培养模式。

从素质教育视野看我国法学分层教育模式的确立与发展

苟军年　于雪锋①

摘　要　当今世界各国的法学教育主要有两种模式：一是美国式的职业教育模式，法学教育设在研究生阶段，主要培养目标是职业律师；二是大多数国家实施的通识教育模式，法学教育一般设在本科阶段，主要培养法律专门人才。经过多年的实践，我国已经形成混合式的教育模式，这种模式下的教学十分注重法律知识的传授，相对轻视对学生实践能力的培养，使其综合素质能力比较弱。因此，现行法学教育模式必须进行改革，确立法学分层教育模式，以培养合格、高素质的法律人才。

关键词　素质教育模式；法学分层教育模式；教学改革

经过三十多年的实践，我国法学教育界对加强素质教育已形成共识，但由于对法学素质教育的理解没有统一的认识，在如何看待和适应这种新的教育观念，并在法学教学内容、方法、手段上进行改革，以适应法学教育观念的转变与需求，就成为法学教育面临的重大理论与实践课题。我们认为，法学教育必须充分适应我国社会经济与法治发展的需求，以人的全面发展理论为基础，培养适应社会职业需要的、德智体美全面发展的、具有个性和创造性的法律人才。实践证明，只有在确立现代法学教育模式的基础上，才能建立科学、合理、有效的教育模式，即反映在教学方面，才能充分体现如何教、如何学、如何评价等各项机制的有效运转。本文就素质教育视野下我国法学分层教育模式的确立与发展谈点粗浅看法。

---

①　苟军年，浙江财经大学法学院教授，硕士生导师；于雪峰，法学博士，浙江财经大学法学院讲师，民商法系主任。

一、法学教育改革中必须对素质教育有一个准确的定位

目前,在我国法学教育界比较流行的一种观点是将法学素质教育理解为与职业教育或专才教育相对立的一种"通才教育"。人们在反思我国传统的法学教育存在专业划分过细、培养口径偏窄、毕业生的知识结构难以适应社会的发展变化等缺陷的过程中,往往容易把素质教育内涵片面地理解为淡化专业界限,拓宽培养口径,培养复合型的法律人才。于是,在法学教育中,很多高校通过教学模式的改革来加强法学素质教育。实践中,大多希望通过增加法学本科专业人文知识内容,减少法学专业课程,加大选修特别是通识课程的教学改革来达到提高素质教育的目的。在这样的教育观念指导下,高校法学本科教学改革完全流于形式,虽然取消了一些设置过细的专业必修课和选修课,增加了一些概论性或实用性比较强的课程,一些学校甚至通过强制规定法学专业的学生必修某些文理互通的公共课程或扩大学生选修一些非法律专业课程的范围,并在学分数量、绩点、考核等方面加以强行控制。但实践证明,这种教学改革并不理想,无法达到人们所预期的目的。很明显,仅限于采取这样一些教学改革措施,并没有涉及法学素质教育所要求的从教育模式、理念到课程内容、教学方法的系统化和深层次的改革内容,这只是一种治标不治本的措施,起不到应起的作用。我们认为,随着社会经济和法治建设的深入发展,我国的法学教育实际上已进入大众化的发展阶段,针对法学教育的现状和社会对法律人才的实际需求,必须从观念、制度上进行根本性的变革。

随着现代社会经济的快速发展和高等教育改革的深入,法学教育将呈现出两大发展趋势:一是多元化趋势;二是国际化趋势。有学者认为,多元化首先表现在培养目标模式的多元化。因各国历史文化传统的不同、社会发展水平的高低、市场对法律人才类型需求的多样性决定了法学教育培养目标的多样化。[①]从世界范围来看,在法学人才培养模式问题上,各国因传统的差异有所不同,但归纳起来主要有两种:一是英美法系国家的法律职业教育,它强调的是法律职业化建设,因此,比较偏重于为法律职业培养多层次的专业人才;二是大陆法系国家的法学通识教育,这种教育模式则更多强调为社会主体提供更广泛的法律知识并注重社会主体法律意识的培养,这些国家往往把法学教学目的视为提高国

---

① 夏锦文:《法官精英化与法学继续教育》,《法学论坛》2002 年第 1 期。

民素质的一种举措。

从两种教育模式的主要区别来看,前者的培养目标是实用型,是培养具有操作技能的职业人员,而后者的培养目标是培养具有系统法律知识的法律人才。培养目标的不同决定了要求学生掌握的知识结构和课堂教学方法的不同。以美国为例,其法学教育被认为是"专业性"而非"学术性"的,它强调的是法学学生应拥有"如何像律师那样思考和工作的能力",强调的是法律技术而非抽象的法学理论。它常用的教学方法是问答式或讨论式,由师生就有关案例进行问答或相互辩论。而在欧洲大陆,法学院要求学生学习的主要是关于法律学科的基本概念、研究范围、历史及其各种分支学科知识,法律在此是被作为一种系统的知识灌输给学生的。[1] 它常使用的教学方法多侧重于教师单方对法律知识的一般讲述。

我国现行的法学教育模式基本上是一种传统的法学教育模式,而在传统的法学教育模式下形成的教学模式实际上是一种由上向下灌输的模式,教学中总是力图引导学生找到一个在我国现实社会背景下所谓唯一正确的答案。在教学过程中,教师教学主要依据的是现行国家的法律法规,体现的是国家主导下的政治的正确性。久而久之,学生便习惯于从法律条文、书本而不是从实践中寻找真理,习惯于服从教师给予的所谓真理,而不去思考"真理"的多样性和现实生活的丰富性与变化性。他们习惯于被动的思考而不是主动的思考,习惯于寻找实际上并不存在的"标准答案"或"唯一真理"。表现在法学教学上,主要呈现以下弊端。

一是在法学课程的开设上,必修课主要以国家明确设定的基础课程和教育部规定的十几门核心课程为主。各学校只能结合本校的性质及实际情况,开设一些所谓能够体现本校特色的选修课程;教育内容主要依据国家颁布的相关法律、法规,并以国家法律法规为标准来编写教材,特别是在教育部进行的本科教学评估中,明确要求被评估院校采用全国统编的权威教材,结果造成不分教育层次,不管培养对象,统一使用统编教材的情况。而根据学校、学生本身实际需求,以培养和训练学生实际操作能力为主要目的之课程开设的却很少。这种课程设置与教学之所以能够得到具体实施,主要原因就在于它符合传统的通识教育模式,教师只是根据书本、教案,传授知识。因此,无法将传授知识和训练学生实际操作能力有机地结合起来,并根据培养对象的实际情况进行分层素质教育。

[1] 王晨光:《法学教育中的困惑》,《中外法学》1993年第2期。

　　二是在教学方法上,急功近利,教师通常以"填鸭式"的讲授形式教授法律,对法条逐条注释,论述其如何的合理与正当。教师的任务是灌输,而不是激发学生理论创新、探究法律科学的理论背景。久而久之,学生便习惯于被动的思考,习惯于寻找实际上并不存在的"标准答案";与此相应,一个不能向学生推出"正确"结论与"标准答案"的教师,往往被认为无能或不合格,而一个敢于对教师的讲授提出质疑的学生往往被认为是不敬、不听话。于是,为了获得好的考试分数,提高司法考试的通过率,一些老师在课堂上应用大量时间辅导学生练习司法考试模拟题,并美其名曰教学改革,造成学生缺乏问题意识,没有或不习惯对问题进行反思、批判,成为名副其实的考试机器。

　　三是注重书本、课堂理论的传授,疏于对学生实践能力的培养。教学中很大程度上仍然停留在对一些命题、甚至政治命题本身的分析研究,仍趋向于把法学视为一种普适的知识,仍然对中国当代城市和农村、对中国人因为他们的生产和生活条件而形成的行为方式缺乏关注,仍然试图并习惯于用18、19世纪西方学者的一些应然命题来规定生活,[①]法学教育成为政治权威的附庸和现存制度、习惯的"脚注",很少顾及学生今后个人的发展与工作需求,造成学生"知晓"过于"能做",以致出现培养的学生不会起草司法文书、不会办案的反常现象。由于诸多方面的原因,20世纪90年代以后,许多学校的学生从事司法实习大多流于形式,在实习阶段学生也很难进入正常的司法工作,无法了解、掌握司法运行程序,造成理论与实践的严重脱节。

　　针对上述情况,我国法学教育界提出了许多改革措施,但实践证明效果并不理想。法学素质教育,作为一种教育观念或教育目标而言,是一种以培养学生具有法律职业共同体的基本品质和技能为目标的教育;作为一种教育目标,它包括的范围和内容非常广泛,既涉及教育观念、教育模式的确立,也涉及法学课程体系和内容的设计安排,还涉及思想品德素质、专业素质、文化素质和身心素质等不同方面的实际内容。体现在教学中,就要求法学教学实践中的方法和手段的根本变革,其主要内容或核心要素,就在于法律职业品质和职业能力的培养,这应该是法学素质教育区别于其他专业素质教育的定位或特点。但从实际情况看,上述观念并没有得到法学教育界的普遍认可。就目前而言,是实行英美法系的法律职业教育,即更多注重实践,还是延续原来的、更多注重理论的大陆法系模式,成为法学教育界都在思考的重大问题。由于在这些重大问题上人们的认

---

　　①　参见苏力:《法治及其本土资源》,中国政法大学出版社2001年版。

识长期不统一,已经严重影响了我国法学教育的深入发展,使法学教育长期徘徊在进退维谷的两难选择中。因此,在我国社会经济和法治快速发展的今天,必须对我国的法学教育有一个准确的理论定位。

二、建立法学分层教育模式是我国法学教育发展的必然选择

我国的法学教育首先必须植根于本土,植根于我们生存发展的现实社会环境。因为,一个国家法学教育理论的形成,法学教育体系的构建,法律人才的培养,离不开国家和民族发展的历史变迁与现实需求。其次,必须面向世界,特别是面临科学技术和社会信息化的迅猛发展,国际政治、经济、文化的全球一体化趋势在加速,我们的社会经济已经与国际接轨。因而我国的法学教育必须适应全球化的要求,不断更新观念。一方面要积极借鉴西方发达国家法学教育的成功经验,因为西方发达国家的法学教育能及时地反映最新的全球化发展要求;另一方面,还要积极加强同其他国家,特别是周边一些与我国具有共同文化传统、文化心理与发展背景的国家的交流,积极汲取有益的经验为我所用。因此,我国法学教育发展立足本土,面向世界的定位,决定了我们必须建立多层次、一体化的法学教育体系。

从世界范围来看,长期以来,法学教育的生源模式一直就有二段培养模式和一段培养模式的划分。所谓二段培养模式,是指进入法学院学习的学生必须已经接受了一定学年的法学以外学科的学习。其目的是使法学学生具有多学科的教育背景以提高法学人才教育的层次,更好地满足社会的需要。而一段培养模式的法学院学生同其他学科学生一样无此特别要求。二段培养模式正受到越来越多的青睐,我国也正在进行这方面的尝试。一般情况下,我国采取的是直接从高中招收法律专业学生的做法,即四年的法律本科制。这与美国的四年本科加三年的法学院的培养模式,即四加三制完全不同。美国没有一般意义上的法学本科生,法学教育属于大学本科基础教育后的一种职业教育。法学教育主要分为三个层次:法律博士、法学硕士和法学博士。法律博士学位教育是美国法学院的基础教育,毕业后多从事律师工作。法学硕士和法学博士教育属于研究生教育,旨在培养法学教育和科研人才。美国的法学教育起点高,先进行素质教育尔后进行职业教育。同时,由于判例法国家一般实行法律职业一元化模式,通过司

法考试选拔人才,司法考试实际上就是律师考试。[1] 有学者提出由于中国缺乏法治传统,民众的法律意识薄弱,决定了中国的法学教育应在不同层次上同时发展。

第一层次即初级层次是大众化的法学教育,这一层次的教育是要培养具有法学基本理论和一般法学专业知识,从事社会生活中一般的法律服务工作的人才,如事业单位中的法律工作者。第二层次即中等层次是专业化的法学教育,这一层次的法学教育是要培养适合社会多方面需要的专业法律人才,这一层次的人才,要有较高的理论素养,较为全面的法律知识,主要从事法官、检察官、律师等职业法律工作。第三层次或最高层次,应是精英法学教育,这一层次的人才要有极高的法学理论素养,能洞察国家和社会生活发展各个方面与法律发展的相互关系,主要从事法学研究、国家和社会发展中重大理论问题的研究并提出立法建议,从事法学教育工作等。[2] 我们认为这一定位是比较准确的,符合我国法学教育的实际情况。

归纳起来,我国的法学教育应分为大众化、职业化、精英化三个层面或阶段。大众化法学教育主要是本科阶段的法学教育,主要培养熟悉法律的专业人才;职业化法学教育主要是本科以后,比如在法院、检察院或教育培训机构内所进行的教育,主要培养合格的司法人才;精英化教育在研究生阶段进行,主要培养法律研究、教学或司法实务方面的高级人才。因为,一个国家的法学教育模式是由多种社会因素决定的,当然,最主要是由教育目标、目的和社会、经济、法治的实际需求所决定的。在确立教育模式的基础上,必须建立与教育模式相适应的教学模式,才能达到教育改革的目的。

三、从混合模式向法学分层教育模式转化的理论分析与评述

我们认为,我国的法学教育模式必须立足本土,面向世界,并积极进行改革和优化。其基本思路可以概括为:立足我国改革开放的现实需要,面向全球国际化发展,重塑我国法学教育观念;重视学生全面素质的发展,培养特色人才;根据法学不同层次人才的培养目标,优化课程结构,更新教学内容;培养多层次的符合社会发展需要的法律人才。在我国,法学教育是清末时期从大陆法系国家移

---

① 苏一星:《中、德、美三国法学教育比较研究》,《教育研究》2004年第11期。
② 夏锦文:《法官精英化与法学继续教育》,《法学论坛》2002年第1期。

植而来,中华人民共和国成立以后,我们废除旧的法律制度,法学教育转向接受苏联模式,但由于众所周知的原因,法学教育发展十分缓慢以至停办。改革开放以来,虽然办学规模快速扩大,办学形式亦具多样化趋势,但由于多种原因,使得人才培养模式一直处于混乱状态。现行的法学教育模式基本上是一种向学生灌输法学知识的模式,这种单向的教育模式,总是力图引导学生找到一个唯一正确的答案。在教育过程中,学生因长期受制于我国中、小学应试教育的影响,加上我国大学教育改革的滞后,许多制度特别是考试分数对学生评优、考核、就业、继续深造等诸多方面的重大影响,学生在大学学习阶段要通过诸如外语、计算机等级等多种考试,否则就无法完成学业,更谈不上理想的就业。特别是随着近年来招生规模的持续扩大,就业压力不断加大,这就决定了即使在大学阶段,素质教育也只能是一句口号,无法真正实施。

就目前我国的法学教学机构的设置来看,有些还不具有高层次的水平,其表现为 20 世纪 80 年代以后出现的法律中专、大专和本科院校等多层次教育机构并存的局面。全国除了原有的法律院校(系)、科研院(所)外,20 世纪 90 年代以来各类财经、理工、民族、师范、农林等院校也纷纷设立法律专业,此外还有法律函授、夜大学、全脱产的成人学历教育,以及政法干部管理学院、政法干校、广播电大、业大、职大、自学考试等。这种状况与法学教育属性,我们暂时称为具有中国特色的混合式教育模式。对此,必须加以改革与调整,一是建议取消中专、大专层次的法学教育,取消法律函授、夜大学、全脱产的成人法学学历教育以及政法干部管理学院、政法干校、广播电大、业大、职大、自学考试等层次的法学教育,在指导思想上明确法学教育的高等属性;二是逐步取消民办院校(三本)层次的法学教育,并通过专业评估与竞争,淘汰一批不合格高校的法学专业,使法学人才的素质教育与高层次性得到充分保障。

随着我国市场经济的确立与依法治国方略的实施,我国的法学教育应该是一种分层素质教育模式,这是由我国社会经济与法治发展的实际情况所决定的。具体来讲,可作如下分层与定位。

第一层次即初级层次是大众化的法学教育,这一层次的教育是要培养具有法学基本理论和一般法学专业知识,能够从事社会生活中一般法律服务工作,即适合社会多方面需要的法律人才,如企事业单位、市民法律咨询机构中的法律工作者。我们认为,这一层次的法学教育应该以现有普通本科法学教育为主;第二层次即中等层次是职业化的法学教育,这一层次的法学教育主要是要培养国家法治建设所需的专门人才,这一层次的人才必须具有较高的理论素养,较为全面的法律知识,主要从事国家公共事务,如公务员、法官、检察官、警官、律师等职业的执法与法律服务工作。这一层次的法学教育应该在获得法学学士学位以后进行,我们建议,由法学师资力量雄厚、办学经验丰富的部属高校与省级一流院校承担,或在国家教育培训机构内设立执政官、行政官、法官、检察官、警官、律师等专门学院,以承担这一层次的法学教育任务;第三层次或高级层次,应是精英化的法学教育,这一层次的人才要有极高的法学理论素养,能洞察国家和社会生活发展各个方面与法律发展的相互关系,熟悉国家和社会发展中的重大理论与实践问题,主要从事立法决策、法学研究、法学教育等工作。这一层次的法学教育主要在具有博士点的高校、法学研究机构内进行。我们认为,这一定位是比较准确的,符合我国法学教育发展的实际情况。

四、结　语

归纳起来,应该在我国确立大众化、职业化、精英化三个层面的法学教育模式,并在此基础上,针对不同层次教育对象的不同情况,因材施教,在教育目的、教学手段、课程设置、教学方法、考核方式及就业等方面有所不同。当然,上述三个层次的培养目标必须针对我国法学教育体制结构的实际情况而定,其重点改革、发展的应当是前两个层次的法学教育,并针对当前法学教育的实际情况,严格限制第三层次的精英化教育,使三大层次形成金字塔式的教育梯队,以优化我国现行法学教育体制,使法学教育真正适应我国社会经济与法治发展的实际需要。

财经类高校法学院经济法方向研究生培养特色的选择

——以浙江财经大学法学院为例

吴伟达[①]

摘　要　现阶段,我们选择财税法作为经济法方向研究生培养特色的主要理由在于:在经济法体系中财税法已获得相对独立的地位,财经类高校培养财税法专业人才具有资源优势,社会需要大量的财税法专业人才。要实现这一目标,我们应该学习其他高校财税法专业的培养经验,改革原有经济法方向研究生核心课程设置方式,在教学活动中贯彻财税法培养特色,推行以财税法研究主题的硕士论文选题制度,做好特色教育的档案资料的归档等工作。通过这些努力,我们的理想目标是,将财经类高校法学院打造成为培养财税法学人才的主要基地之一,实现学生以涉税法律服务为主的就业模式,培养成果为国家财税法治事业做出贡献。

关键词　财经类高校;经济法;财税法方向;培养特色

一、引　言

关于如何将经济法方向研究生培养特色财税法化一直是我思考的问题。没有向学院管理层提出这一方案,并竭力主张实施,是基于以下顾虑:目前经济法学位点各位导师的部门法背景还不完全统一,贸然实施这一计划,有违众人意愿,也缺乏实施条件。在条件不成熟时,目前这种"自由培养模式",即各位硕士生导师根据各自研究兴趣教授学生,自有其存在的必要。然而,参加教育部法学一级学科硕士学位点评估座谈会时,评估组长的一席话,却再次触动了我思考这

---

① 吴伟达,法学博士,浙江财经大学法学院教授,硕士生导师。

一问题的神经。记得当时评估组长在听完汇报后,问了这样一个问题:"你们学院的研究生培养特色是什么? 如何在教学计划和教学活动中体现这种特色的?"此言一出,闻者愕然,竟不知以对。后评估组长自己回答了这一问题。他说,作为财经类大学,经济法学方向研究生的培养特色应该是财税法。培养特色必须从平时教学活动、计划、学位论文中体现出来。正所谓一语惊醒梦中人。自那以后,我愈加明白,明确经济法方向研究生培养特色对一个法学院发展的重要性。

市场经济是竞争经济。在市场竞争中,市场主体的自竞争说到底就是各自品牌的竞争。品牌具有优势者胜出,品牌劣势者则被市场淘汰。教育虽然有其特殊性,即非市场性的一面,但随着我国高校研究生培养人数增多,就业压力增大,特别是培养同质化现象越来越严重,特色教育的重要性已为各高校所重视,并通过各自对生源竞争或学生就业,显示出来。研究生教育资源是一种稀缺资源,需要得到合理有效的配置。从教育经济学的角度,我们应该把有限的教育资源用到培养社会急需的特色人才上去。

查阅浙江财经大学法学院经济法学硕士学位培养方案(2014 级,代码:030107),笔者没有发现有培养特色规定或描述。[1] 查阅浙江财经大学法学一级学科硕士学位研究生培养方案(2018 级,代码:0301)也没有对经济法方向的培养特色做出规定。[2] 查阅中国计量大学学术学位经济法学研究生培养方案(2017 级,代码 030307)发现,其虽没有直接规定培养特色,但其在介绍"市场规制法研究方向"时,明确强调了该研究方向在"在技术法规理论、食品安全法律制度、产品质量与消费者权益保护法律制度、检验检疫法律制度、标准法律制度、计量法律制度等方面具有鲜明特色与显著优势"。[3] 事实上,中国计量大学法学院将其教学资源优势比较好地用在了其研究生培养特色上。这一点只要上网查阅一下近年来其经济法方向硕士论文的选题,就可以得到佐证。

中国计量大学法学院的情况,虽属个案,但说明了这样一个事实,随着研究生培养经验的不断积累,一大批高校法学院在专业培养特色上已经有了自己明确的定位。相比而言,这方面我们法学院是落后了,需要我们认真反思,迎头赶上。

基于以上事实,本文拟结合浙江财经大学法学院经济法方向研究生培养实

① 浙江财经大学研究生处统编制:《浙江财经大学硕士研究生培养手册 2014》,第 134 页。
② 浙江财经大学研究生院编:《硕士研究生教育手册 2018》,第 155 页。
③ 中国计量大学法学院:《经济法学 2017 培养方案》2017 年 7 月 14 日,http://fxy.cjlu.edu.cn/? rcg=12&scg=57&p=1&view=2868。

际情况,对财经类高校经济法研究生培养特色选择财税法的理由、路径及目标作一探讨。

二、选择财税法作为经济法方向研究生培养特色的理由

财经类高校研究生培养特色究竟是什么呢? 对此,笔者认为,作为财经类高校的法学院或政法学院,在研究生培养特色的选择上应毫不犹豫地指向财税法。之所以做出这一判断,主要基于以下几点理由。

(一)在经济法体系中财税法已获得相对的独立性

长期以来,我国经济法学界将财税法视为经济法的一个分支,属于宏观调控法范畴。但对这样的划分,财税法学界学者多有质疑,认为"财税法与经济法的差别不仅仅是解决问题和范围的不同,两者的定位、功能、逻辑范式等均截然不同",虽然财税法与经济法关系密切,"但也不妨碍承认财税法具有独立于经济法的学科地位"[①]。事实证明,经过四十年的发展,"我国财税法学在理论研究、制度构成、学科建设等方面都取得了较大突破,基本形成了以公共财产法为学科属性,以领域法学为研究方法,以推动国家法治进程为学科目标的综合化、多元性和立体化的学科特点"。[②]

财税法这一学科独立性的获得,为我们将财税法设定为经济法研究生培养特色,提供了学科支撑和理论基础。

(二)财经类高校培养财税法专业人才具有资源优势

"一般来说,专业设置决定于高校属性,而高校属性又决定于其为经济、社会发展的人才培养的定位。在我国,财经类高校是伴随着改革开放和市场经济的发展壮大而出现和迅速成长的一类特殊高校。其学科设置一般是以经、管、法为主体,辅之以文、理、工和其他学科专业。"[③]浙江财经大学给自己的定位是"一所以经济、管理学科为主体,经、管、文、法、理、工、艺、哲等多学科协调发展的财经类高校"[④]。

①② 刘剑文:《学科突起与方法转型:中国财税法学变迁四十年》,《清华法学》2018年第4期。

③ 刘爱龙:《关于财经类高校法务会计专业人才培养方案的思考——以南京审计学院为例》,《常熟理工学院学报(教育科学)》2010年第12期。

④ 浙江财经大学网站:《学校概况》,https://www.zufe.edu.cn/zcgk/xxgk.htm。

　　上述财经类高校自身特有的学科专业设置,决定了其主要担负着为国家、社会输送经济、管理和法律等方面的专业人才的任务,而财税法专业人才正是财经类高校培养的这类复合型人才之一。具体而言,财经类高校在培养财税法人才上具有以下两个独特的优势。一是财经类高校具有财经类学科、教学、科研等方面资源优势。如,财经类高校一般都设有财税会计、金融、工商等二级分院,其专业教学、科研优势明显。二是财经类高校在财经类师资配备、专业图书资料建设、教学实践场所筹划等方面有明显的优势。基于这两个优势,财经类高校被誉为财税法教学资源的最佳"集结地",理所当然地被认为是具备培养复合型、应用型财税法律人才的最优条件。[①]

　　浙江财经大学除了具有上述一般高校的学科优势外,还具有以下两个资源优势。一是浙江财经大学是浙江省唯一培养税务专业本科生的学校。建校四十多年来,已为浙江省各级财税系统培养了大量财税专业人才,被誉为浙江省的"财税黄埔军校"。财税系统校友众多,社会资源十分丰富。二是浙江财经大学是浙江省法学会财税法研究会的会长单位。从 2003 年至今已整整十五个年头,为推动浙江省财税法学研究事业,发挥了很大的作用。

(三)社会需要大量的财税法专业人才

　　据有关资料统计,2016 年,全国有 626 所普通高校开设法学本科专业,在校学生超过 31 万,法学教育无论在规模还是质量上都已跃上新的台阶。但是,毋庸违言,当前法学院校的毕业生已经存在一定的就业困难。2013 年,法学专业位列浙江省本科最难就业的专业之首[②]。与一般法学专业学生普遍就业难现象相反的是,财税法类专业或具有财税法学背景知识的毕业生则供不应求,甚至可以说,一生难求。如中国政法大学经济法学研究生中财税法方向的研究生相对较多,但每年也不超过 10 人。[③] 至于本科毕业的财税法学专业几乎没有。因为我国法学本科不再细分,财税法尚未成为法学核心必修课,甚至有些法学院校尚未开设专门的财税法课程,仅在经济法课程中简单讲授财税法内容。[④] 财税法

　　① 陈琛:《财经类高校财税法课程教学改革的目标定位》,《淮北职业技术学院学报》2014 年第 5 期。
　　② 刘达芳:《供给侧改革背景下的法学教育与财税法课程建设》,《"中国法学会财税法学研究 2017 年年会暨第 27 届海峡两岸财税法学术研讨会"论文集》上册 2017 年 9 月 16 日,第 142 页。
　　③ 瞿继光:《论财税法学课程与教学方法》,《"中国法学会财税法学研究 2017 年年会暨第 27 届海峡两岸财税法学术研讨会"论文集》上册 2017 年 9 月 16 日,第 154 页。
　　④ 姬云香:《转型社会财税法教学改革与路径探索》,《经济研究导刊》2015 年第 5 期。

学这一教学现状决定了我国每年法学专业毕业人员虽然数量庞大，但毕业后能从事涉税法律工作的学生几乎没有。

三、实现经济法方向研究生财税法培养特色的路径

(一)学习其他高校培养财税法专业经验

学习其他高校培养财税法研究生的经验是为了降低试错成本，少走弯路。这里既可以向财经类高校法学院学习，也可以向非财经类大学法学院学习，如中国政法大学、北京大学。特别是北京大学在财税法专业的培养上已自成体系，形成了本科、研究生、博士三个培养层次。其所制定的财税法专业培养计划内容详尽，对其他高校具有很强的借鉴作用。

经验可以学习，但不可以复制，需要根据自身的实际情况，制定培养方案。

(二)做好新生入学培养特色教育工作

从浙江财经大学法学院这几年经济法研究生招生情况看，大部分学生在研究生入学考试前，没有任何财税法知识基础，有的甚至在本科阶段没有学过财税法这门课。当然也有例外，如个别学生本科阶段学的是财会专业，但这毕竟是少数。基于这样的知识背景，很多学生对研究生阶段学习财税法或以财税法作为研究生毕业论文选题，有一定的畏难情绪。因此，老师应该通过研究生入学教育，如通过一些讲座或小型座谈会，让学生认识到学习财税法对他们将来就业的重要性，从心理上破除他们对学习财税法的畏难情绪。同时要统一全体硕士生导师的思想意识。因为在是否将财税法作为专业培养特色的问题上，硕士导师们也有不同看法。而这些看法的存在，也会影响他们带学生的积极性。

(三)改革原有经济法方向核心课程设置方式

与其他高校法学院一样，浙江财经大学法学院经济法研究生专业课程，是按2007年《全国高等学校法学专业核心课程教学基本要求》的十六门法学核心课程要求，进行二级学科课程设置的。但此种核心课程设置方式有以下局限：一是没有回应国家和社会的发展需要；二是没有回应学生的发展需求；三是没有回应

不同类型法学院的特色发展需求。① 针对旧有的、已不适应新时代人才培养的法学教育模式，一些财税法学学者提出了变革良策，认为只有在改进旧有法学教育模式鄙陋的基础上，建立新的法学专业教育模式，才能有效促进中国法学理论研究发展和人才培养。②

这里要强调的是，要改变因人设课程的现象。这种情况在其他高校法学院研究生课程师资配备上也存在。但存在的不一定是合理的，需要我们寻找师资不匹配时如何开设专业课程问题的答案。

另外，建议经济法方向一年级学生与财税学、会计学方向研究生一道修习财税、会计方面的专业课程。这种共同选课、修课的方式，为打通法学与财政学、税收学、会计学、管理学之间的知识壁垒，提供了很好的通道，增强了法学专业与财税会计专业之间知识的渗透性。

（四）在教学活动中贯彻财税法培养特色

坚持围绕财税法培养特色开展各项教学科研活动。在教学上，除了保质保量完成核心课程的教学任务外，还应该定期开展由学生自己组织，导师参与点评的财税法专题研究会。每学期应确保一次，题目为"当前财政体制改革中的热点法律问题"。同时要求学生每年参加浙江法学院财税法学研究会年会暨学术研究会，根据大会研讨主题提交学术论文。

（五）强制推行以财税法研究主题的硕士论文选题制度

培养特色最终体现在学位论文的选题上。如果经济法学位点所有同学的学位论文选题都是财税法方向的，那这样的选题结果无疑大大体现了财税法的专业培养特色。

这里，我们通过表1、表2和表3，对浙江财经大学法学院经济法学术型硕士在2014—2016年三年间的学位论文选题进行了统计。2014年共有8名学生，有2名的选题属于财税法方向，占总数的25％。2015年共有8名学生，有1名选题属于财税法方向，占总数的12.5％。2016年共有8名学生，有2名选题属于财税法方向，占总数的25％。

这样选题结果显然与以财税法为培养特色的目标相去甚远。因此，作为二级学院，必须在学生毕业论文选题上严格把好关。这里，笔者建议法学院制定

---

①② 刘剑文：《学科突起与方法转型：中国财税法学变迁四十年》，《清华法学》2018年第4期。

《经济法方向研究生毕业论文选题试行办法》,要求导师在指导学生选题时,必须与培养特色紧密结合起来。对不按学院规定开题的学生,学院有权做出不予通过开题或延期毕业论文答辩的决定。

表 1　2014 级经济法学术硕士研究生毕业论文选题

序号	学生姓名	论文题目
1	栾晓晓	网络交易平台提供者的法律责任研究
2	刘展睿	论恶意讨薪和非理性讨薪的界限与法律规制
3	王学路	国际投资中的间接征收认定问题研究
4	沈汉江	税前列支项目判定标准研究(财税法方向)
5	肖晨光	论 PPP 模式作为公共产品投资方式的制度促进——基于杭州地铁一号线的实证分析
6	徐　伟	出口骗税的法律治理研究(财税法方向)
7	骈沙沙	《贸易便利化协定》对我国海关贸易便利化制度的影响及对策研究
8	王邦彦	宏观调控受控主体合法预期保护研究

表 2　2015 级经济法学术硕士研究生毕业论文选题

序号	学生姓名	论文题目
1	姜　超	税收立法权分配问题研究(财税法方向)
2	赵振森	我国公司股东非货币出资形式扩展与规制研究
3	李　涵	互联网不正当竞争行为类型化的立法规制问题研究
4	王冀哲	我国劳动保障监察法律问题研究——从政府社会性管制的视角
5	周敏蕾	网络交易欺诈行为的法律规制研究
6	陈　妙	美国外资并购国家安全审查制度研究
7	王君雅	我国税收优惠法律制度研究
8	代　珂	"一带一路"区域内投资争端解决机制研究

表 3　2016 级经济法学术硕士研究生毕业论文选题

序号	学生姓名	论文题目
1	陈暨阳	无形资产转让定价反避税法律制度研究(财税法方向)
2	丁圣豪	我国地方政府债务风险的法律防控

续　表

序号	学生姓名	论 文 题 目
3	张玉格	大数据时代信息管税法治化路径探究（财税法方向）
4	吴　婕	第三方支付的法律监管
5	刘　栋	我国信用评级市场法律规制问题研究
6	谢依依	欧盟非市场待遇新规则与中国对策研究
7	薛　琼	互联网金融消费者的法律问题——以支付宝为例
8	潘　爽	雇员不能胜任工作的认定与法律处理

(六)坚持以财税实务部门为主的实习模式

财税法学是一门专业性、实践性很强的学科,这就决定了财税法学的教学不能从理论到理论而忽视甚至轻视财税法实践。所以我们应创造条件适当安排学生进行课外实践。① 实习的部门很多,学校可以安排学生到财税部门实习,也可以到税务师事务所实习,还可以到专门提供涉税法律服务的律师事务所实习。应保证每个学生有半年的实习时间。学生可以利用假期开展实习活动。通过实习,学生可以加强对财税实务的感性认识,提高处理财税实务过程中法律问题的能力。

(七)定期检查特色教育工作的落实

学院应成立经济法方向培养特色工作落实检查小组。定期对经济法学位点展开各项检查。及时总结经验,寻找存在差距,定期召开师生座谈会,沟通特色教育中存在的问题。针对存在问题,寻找解决办法。

(八)做好特色教育的档案资料的归档工作

财税法特色教育是一项系统工程,又是一项需要长期付出的工作。从规范管理,接受上级有关部门的检查验收评估的角度,应该把平时的各项工作归档记录,由专人负责,建立严格的档案管理制度。如每年组织财税法专题教学研讨工作会议的情况、每年组织学生参加浙江省财税法学研究会的情况、每年外请财税法学会来法学院讲学的情况、每年学生毕业论文的选题情况、每年教学计划的安

---

① 郭晓玲:《财税法学教学改革思辨》,《考试周刊》2009 年第 11 期。

排情况、每年学生参加财税实务部门实习的情况等,这些体现培养特色的重要事项,都要以书面、音像等形式保存下来。一方面体现了我们专业培养特色的历史积累、专业深度(从将来回顾的角度),一方面有利于接受学校主管部门的考察、评估。

四、财税法专业培养特色的理想目标

(一)成为培养财税法学人才的主要基地之一

财经类高校凭借其财税法办学得天独厚的资源优势,理所当然地应成为培养财税法人才的基地。这也是财经类高校的责任和担当。因为进入社会主义新时代后,社会对复合型的财经类人才,特别是复合型的财税法人才需求更为迫切。

财税是国家治理的基础和重要支柱。随着国地税合并,特别是非税收入征管职能划转给税务机构,税务部门的征管工作量将大大提高。虽然国地税合并后税务管理人员总数上并不少,但高层次的复合型管理人才,即既懂税又懂法的人才还是不多,需要财经类高校加快培养力度。作为浙江省唯一的一所财经类高校,为浙江省输送财税法高层次人才,正是浙江财经大学法学院的责任和担当。

(二)实现以涉税法律服务工作为主的就业模式

学以致用,人尽其才。以财税法为培养特色当作教育目标之一,就是让培养的学生毕业后能有机会投身到财税工作一线,为社会为国家贡献自己的所学。现在到涉税部门门槛还很高,如到财税部门工作,必须通过公务员考试;到律师事务所做一名税务律师,必须通过律师资格考试,但这些困难,只要我们肯付出努力,就一定能够克服。特别是随着办学规模的不断扩大,办学声誉的不断提高,品牌效应肯定逐渐显现,用人单位自然会将浙江财经大学法学院经济法研究生放在优先录用的地位。

(三)培养成果为国家财税法治事业做出贡献

以财税法为培养特色的教学计划、培养方案的实施,一定程度上对教师产生了一种倒逼机制。迫使教师围绕特色教学培养计划开展科研活动。通过教师财税法学课程的教案准备、课程讲授,通过申报完成财税法国家级、省部门科研项目,财税法领域的科研水平将不断提高,科研成果将大量涌现。这必将为中国财税法治事业做出贡献。在这个基础上,浙江财经大学法学院自然将成为国内有名的财税法研究中心,成为财税法学研究基地和国家财税法律与政策智库之一。

五、结 语

财经类高校自身独有的教育资源为财税法成为财经类高校法学院经济法研究生培养特色提供了资源保障,但如何把这种资源转换成现实中的品牌优势,还需要各高校法学院根据自己的实际情况,制定切实可行的教学计划和培养方案。有了教学计划和培养方案后,更需要全体师生共同努力,贯彻执行。当然,首先,也是最重要的一点,是要有准确的目标导向。也就是说,要将财税法这一培养特色作为经济法硕士点办学的目标,作为全体师生共同奋斗的目标。目标上统一思想,行动才会有动力。对浙江财经大学法学院来说,这是一个早已可以实现的目标。这是因为,根据浙江财经大学的办学规模、师资配备,根据浙江财经大学法学院法务会计人才培养积累的经验、对非诉班办学的重视,财税法应该早已成为经济法方向研究生培养的特色目标。如此空置资源多年,是一种浪费,是一种遗憾。但笔者相信,随着时间的推移,这一问题的重要性最后总会被学校和学院领导所认识,为广大师生所认同,尽管机会成本已经很大。

法律全球化背景下国际法学研究生创新培养模式探索

——基于奥地利与中国香港的比较视角

褚 童 马旭霞[①]

摘 要 法律全球化的进程对我国国际法研究生培养提出了新的要求与挑战,当前国际法研究生培养中出现了实践教学欠缺、国际法学习与国内法的割裂、国际法内容体系有待革新等问题,难以适应现实需要。本文从奥地利与中国香港两个不同法系地区的国际法研究生培养模式总结的共同经验出发,提出探索国际法研究生创新培养模式,可以从构建中国问题中心的国际法内容体系、加强案例教学和实践教学、开展双语和全英文教学等方面进行。

关键词 法律全球化;案例教学;实践教学;比较

一、法律全球化背景下我国国际法研究生培养的问题与挑战

经济全球化进程中跨国公司分布不断增多,经营活动日渐频繁,国际分工日益广泛,电子商务蓬勃发展,国际经贸活动加速了政治、文化和法律的全球化进程。在经济一体化的带动下,法律原则、理念、价值观和标准甚至是制度都朝趋同的方向发展,这就是所谓的法律全球化进程。[②] 对于法律全球化而言,主要动力之一源于国际组织统一制定的,用于调整国家间政治经济交往的普遍性规则的产生,以及基于普遍规则进行的法律移植活动。这种法律的统一和移植对于国际法学科乃至各国国内法学科发展产生重要影响。法律全球化对国际法教育,特别是国际法研究生培养提出了新的要求,需要国际法学研究生在学习中不但能够感知法律全球化对于国内相关法域的影响,更应掌握国际制度的演变与

---

① 褚童,法学博士,浙江财经大学法学院副教授,硕士生导师,国际法系主任;马旭霞,法学博士,浙江财经大学法学院讲师,国际法系副主任。

② 王贵国:《全球化背景下之香港法学教育》,《中国大学教育》2009 年第 12 期。

各国尤其本国对于国际制度的接受程度。目前国内国际法学研究生培养距离法律全球化提出的要求和目标还存在不小的差距,问题主要体现在以下几个方面。

(一)国际法理论教学与实践教学脱节

由于教育传统与客观条件的制约,我国的法学教育长期存在重理论轻实践的现象。由于调整对象与法律关系的特殊性,国际法距离普通人的日常生活相对较远,实践教学不易开展,课堂以教师系统讲授知识为主。[①] 即使学生参与讨论互动,也多围绕理论问题展开,国际法学理论教学与实践的结合相对困难。缺乏实践教学导致学生掌握运用国际法的能力得不到锻炼,易对国际法的法律性产生怀疑,认为国际法难以在现实中发挥实际作用,也不适应法律职业需要,从而丧失学习的兴趣与热情。

(二)国际法教学内容体系需要改革

国际法涵盖范畴杂而广,国际公法、国际私法和国际经济法三大分支中包含的法律关系从公法层面到私法层面均有涉及,既有处理国家间对外交往关系的,也有处理跨国民商事法律关系的。以国际经济法为例,其不仅广泛涉及国际货物买卖关系、国际海上运输关系、国际保险关系、国际支付关系,还包括国际贸易管理关系、国际金融关系、国际投资关系和国际税收关系等。由于国际法学科内容与学生日常生活距离相对较远,教学活动的展开往往以教师讲授为主要教学方式,国际法理论与规则研究为主要教学内容,不利于调动学生学习的兴趣和积极性,导致学生运用国际法的能力较低,在就业市场缺乏竞争力。如何在有限的教学时间内,在保证国际法体系完整性的前提下,设计有侧重、有针对性、有实践性的国际法教学内容体系,防止在研究生培养过程中出现坐而论道、纸上谈兵的现象,对于广大高校,特别是对地方专业类院校的国际法研究生培养是至关重要的。

(三)国际法教学与国内法教学的割裂

国际法与国内法形成的社会基础不同、理论基础不同,国际法的造法过程与法律渊源与国内法不同,国际法的实施机制与实施效果与国内法相比也存在较

---

① 张宏乐:《论法学专业教学改革与实践教学的开展——我校在国际法务课程体系建设中的一次尝试》,《教育教学论坛》2012 年第 10 期。

大差异。在国际法教学中,教师往往强调这些差异化内容,力求使学生理解国际法的特征与运行,特别是在研究生学习阶段,教学着重精专,易于造成学生将国际法与国内法完全分割开来,将国际法视为孤立于国内法存在的国际规则体系,导致学生忽视了国际规则在国内层面的实施与影响,对国际法产生无的放矢、抽象无用的错误印象。另一方面,在学习国内法时也忽略了将国际规则适用与法律移植作为一个研究和思考的维度。

(四)国际法学教学中的语言障碍

国际法学科的原始学习材料包括条约协定文本、国际组织的会议与决议、国际争端解决机构的各类文书、判决和意见,均以英文写成。法律英语内容专业,表述精准但复杂,语言文字阅读理解上的困难成为中国学生国际法学习的首要障碍;听说能力不足则限制了学生进行深入讨论、模拟演练的能力,这是导致国际法教学中讨论式教学、案例教学等以学生为中心的教学方法难以深入开展的重要原因之一。国际法学研究生如果不具备较为熟练的英语语言运用能力,是很难真正理解并深入研究国际法的。

二、国际法研究生创新培养的域外经验

普遍适用的国际法规则使得国际法学教学培养在各国具有一定共性,但不同国家由于政治经济体系、法律文化传统的差异,即使对于同样的国际制度,接受方式、接受程度、研究方法等都存在差异。但趋同化下的差异性,不妨碍不同国家之间对于教学和培养方式的互相借鉴。尤其在国际法学领域,不同国家教学模式和方法更易互相吸取精华,更可从教育入手间接促进法律全球化进程的展开。如何使研究生在掌握理解制度原则的基础上激发创新思维,从原有的研究、原则和制度衍生新的观点和想法,是现阶段国际法研究生教学的重点所在。在此以大陆法系国家奥地利和英美法系地区中国香港为例,从比较的视角阐释二者在培养国际法研究生的模式和方法上的不同与优势,从而为本土院校扩展研究生教学创新模式提供一些借鉴。

(一)奥地利国际法研究生培养模式

奥地利经济发达,是典型的大陆法系国家。维也纳大学(University of Vienna)是奥地利历史最悠久的大学,也是欧洲最大的大学。其法学院在奥地利乃

至欧洲都负有声名,研究生教学融合德国、法国、瑞士、荷兰等国家先进模式的理念,在欧盟境内具有一定典型性和代表性。

1. 注重理论的灌输

维也纳大学在研究生培养阶段无论什么方向都必须研修西方法理学和法哲学理论。对于国际法硕士的培养而言,扎实的理论在之后的研究过程中十分关键,一是源于大陆法系法学教育重视理论与实践并行,二是由于维也纳大学国际法专业课程,比如国际法、欧洲人权法、国际商法、比较法、法学研究方法等,要求学生在选课之前必须上过相应法理学或法哲学课程。实际上,西方法哲学和法理学也是绝大多数研究生入校后第一学年所选的必修课。无论奥地利本土的国际法研究生还是其他国家的留学生,都倾向于在第一学年完成理论课程的研修。

而对于这两门基本课程的考核方式,维也纳大学基本采取三种形式:论文形式、笔试试卷形式和演讲报告形式,其中第三种形式最为常见。研究生可以自己选择书中的一部分内容,自拟题目演讲,内容框架也由自己决定;或者由学生自行组成小组,以小组为单位做报告,老师和同学在 Q and A 环节自由提问,最后成绩由老师根据报告的内容框架、深度和延展性,以及学生的应答裁定。这种考核方式锻炼了学生自主研究和运用法律的能力,为未来的深入研究奠定了良好基础。

2. 侧重欧盟法及欧洲法院案例的研究

欧盟境内国际法研究的重点在于对欧盟法系下一系列法律的研究。在欧盟境内,欧盟法(European Union law)作为超国家法(super-national law),对整体欧盟成员的国内法起到统领作用。其与欧盟成员的关系与一般国际法和条约缔约国的关系存在区别,这是欧盟法律体系的重要特点,也是欧盟成员国际法研究的特色。

《欧洲联盟条约》(*Treaty on the European Union*)和《欧洲联盟运作条例》(*Treaty on Functioning of the European Union*)规定欧盟法的主旨、精神和目标;次级法源(secondary law)和欧洲法院判例法(European Court of Justice case law)不得背离欧盟两大主要条约的规定。因此,对于欧盟条约和欧盟运作条例的教学贯穿国际法研究生教学的始终。同时,由于欧盟条约和欧盟运作条例规定太过抽象,需要有欧洲法院判例法对其进行解释。欧洲法院的案例教学是欧盟法研究生教学的关键。由于欧洲法院初始裁决中的案例大部分是用来解释欧盟法的,并不是为了解决争端而服务的,①因此教师一般从三个方面入手指导学生理解:第一,案例主要解释欧盟法次级法源的哪一条内容;第二,法院是如何解释的;第三,该解释有没有被后续的案例扩充或改变。学生依靠欧洲法院的判例理解相应的条文,从而从实践角度把握条文所赋权利和隐藏的限制性范畴。

此外,法学院十分注重对于国际法研究生实践能力的培养。大部分老师都有国际组织的工作经历,且法学院每学期会安排组织学生去欧洲法院、欧洲人权法院、联合国国际贸易法委员会等地学习和参观,从而使学生更能从实践角度把握当下研究的热点和趋势。

3.交叉学科的培养模式

维也纳大学对于国际法研究生课程的设计除了涵盖国际法方面的相关课程以外,更添加了许多其他学科的课程,例如经济学、国际贸易、国际关系、人类学,等等。这些课程的开设使学生的研究领域更加宽广,研究视角不再仅仅局限于法学领域。学生可以通过将法学和其他学科知识点的融合,扩宽研究对象,从而达到创新的目的。

在教学过程中,维也纳大学法学院坚持双语授课。法学院的所有老师都能说流利的英文,学生们交流也大都运用英文。

(二)中国香港国际法研究生的培养模式

中国香港遵循英美法系习惯,以判例法为主,在国际法教学研究生培养模式方面以案例教学为主,注重培养实践人才。香港设置法学院的大学共三所,分别是香港大学、香港中文大学、香港城市大学。以下结合这三大法学院的培养模式介绍香港国际法研究生培养的普遍范式。

1.不同培养模式下的案例教学手段

中国香港对于研究生的培养方式有两种,一种是偏于学术训练的法学硕士(LLM),另一种是偏于职业训练的法律博士(Juris Doctor/JD),两种培养方式均以案例教学为主要教学手段。

LLM主要为域外留学生设置,致力于促进香港与其他地区的国际法交流。但仍以国际争端解决与法律运用为导向,以培养学生法律技能、获得相应法律职业资格为目的,设置了国际经济法、海商法、国际刑法、国际知识产权法、仲裁及

---

① 王千华:《欧洲法院先决裁决制度在欧洲一体化进程中的作用》,《当代法学》2002年第1期。

争端解决方向等实务性较强的国际法课程。教学中普遍以理论和案例相结合的方式授课。老师会提前将材料和案例(一般以 WTO 案件和国际仲裁案件为主)通过 Blackboard 系统布置给学生,要求学生完成相应的阅读任务。在上课时会以提问的方式与学生交流,讲解理论问题,从而引导学生有效掌握知识内容。这种授课方式由学生带动老师,根据学生的疑问引导老师教学的侧重点,需要老师和学生的相互配合而完成。任何一方准备不充分,都不会达到最好的效果。

JD 培养模式来源于美国,香港引入后致力于以 JD 教育培养香港律师。JD 的教学方式和 LLM 有极大的差别,不细化方向,所有英美法系基本理论、仲裁等都是主要的学习内容。老师讲授时以案例教学为主,学生在一入校就要受到严格的法律职业训练,例如案例搜索训练。该训练要求学生在案例搜索资料库中迅速有效地找到形成相应原则的所有案例,快速阅读并将案例归纳总结分类,进而分析总结法官对该原则解释及所适用范畴的变化,从而了解该原则的构成要素和运用边界。除了常规性大班课堂教学以外,JD 学生还要在课后接受小班教学的导修(mentor),通过对思考题或案例的讨论分析来进一步复习大班教学的内容,从而深化记忆。

2. 以仲裁研究和培训为培养特色

仲裁是许多国际大型跨国企业在处理贸易投资纠纷中更倾向于选择的一种争端解决方式,仲裁研究和培训是香港法学院在国际法研究生培养计划中的重中之重。香港具有国际一流的仲裁机构,国际仲裁中心(HKIAC)受理香港区内仲裁案件和国际商事仲裁案件,该中心没有自己的国际商事仲裁规则,在实践中,依据《联合国国际贸易法委员会仲裁规则》进行操作。无论对于国际法研究生还是对于 JD 学生而言,仲裁培训和学习都为学生更好地演示了仲裁技巧和策略,以及如何在今后的职业生涯中利用香港仲裁为客户调解和解决争端。香港三大法学院也会为学生提供去香港国际仲裁中心进行实地学习培训的机会。

此外,香港法学院会组织研究生参加国际仿真法庭辩论赛,请优秀的大律师作为指导老师对学生进行训练,传授辩论技巧和策略,学生可从比赛中感受真实法庭场景,为今后的执业道路做准备。

3. 注重多元化的学习与交流

香港法学院的教师来自世界各地,并普遍具有执业经历,且受教育背景多元化。学生可以在课上了解到美国、加拿大、澳大利亚、英国、法国、德国、新加坡、马来西亚等不同国家和地区的法律传统和法律制度以及不同国家在实施相同国际规则时的不同实践与影响,从而扩宽了学生学习的视野。课堂教学和讨论必须使用英语,学生作业、考试也以英语完成。香港法学院对学术研究持开放态度,举办大量学术讲座和会议供师生选择和参加,同时香港三所大学的法学院为学生提供了许多对外交流机会与合作项目,鼓励学生走出香港,前往欧美、亚洲的著名大学进行交流与学习。

传统上认为大陆法系的法学教育重视学术性、理论性和体系性;英美法系法学教育重视法律职业训练和实践,奥地利与香港的国际法教育一定程度上体现了各自的特点。但也不难看出法律全球化背景下两大法系法学教育相互融合的共性与趋势。理论与实践学习并重、强调案例教学、跨学科交叉多元研究、重视国际法规则运用和演练等,都是当前世界范围内国际法学研究生培养的共同趋向。值得注意的是,奥地利与香港严格来看均非英语母语地区,但在国际法教学均使用英语进行。

三、探索我国国际法研究生创新培养模式的建议

面对新时期国际合作紧密、国际争端频发的新情势,中国需要更多具有国际视野、通晓国际规则、能够参与国际法律事务和维护国家利益的高层次国际法律人才,但国内高校国际法研究生培养中出现的教学与实践脱节、国际法与国内法研究的孤立、学生熟练掌握和运用国际法能力较低等问题,严重制约了国际法人才的培养,影响了国际法学学术研究的深入。结合域外国际法研究生培养模式的经验,对法律全球化背景下我国国际法研究生培养创新模式的探索提出以下建议。

(一)构建以中国问题为中心的国际法教学内容体系

在国际法教学内容体系的构建中,应注重以中国的实践和需要为中心。特别对于地方专业类院校,国际法研究生教学更应突出特色,有所侧重。在法律全球化的背景下,应强调国际法与国内法的融会贯通,将教学的重点放在引导学生研究国际规则对国内法内容与实施的影响,特别是对中国的影响上,同时关注中国在创设和完善国际规则中的实践、贡献与需要。在服务于一带一路合作、对外经贸往来与争端、人类命运共同体理论践行等中国问题的前提下,探索国际法律规则影响下的国内法趋同和法律全球化,不仅有利于学生深入理解国际法规则及其实践,也为学生研究国内法提供了新的视角。在确保基本理论课程的前提

下,多开设具有应用型、实践性和权利救济取向的国际法课程,如国际商事仲裁、国际投资法、国际贸易救济法等。

(二)注重案例教学在国际法教学中的运用

国际法案例教学在实际运用过程中,很容易变成教师的"举例教学",由教师对案例事实和所涉法律原理进行讲述,学生以被动接受为主,或者简单回答教师提出的问题,这样的教学手段实际上并非真正的案例教学。这种现象一方面是由于学生的英语水平不足,学生无法独立高效地搜集案例资料、深入阅读和理解,更难以在自主学习的基础上开展与教师的互动和讨论。另一方面,由于国际法案例数量相对较少,需要选择适当、经典且时效性较强的案例,一些国际法案例偏陈旧,使学生对案例产生陈旧感和距离感,影响案例教学的效果。加之国际法学科内容本身就存在与日常生活距离较远、抽象复杂等特性,更难以调动学生学习研究案例的积极性。

强化案例教学在国际法教学中的运用,首先要求教师在案例的选择和呈现、案例讲授讨论技巧、案例教学目的、案例评价总结等等方面进行精心安排。[①] 在案例选择上应遵循代表性、时效性与相关性的标准。案例应与所授知识点最相关,最能突出教学难点和重点,且最好具有一定的时效性、影响力,或与中国相关,易于激发学生的兴趣和研究热情。在案例讨论中鼓励学生多发问、多讨论、多质疑。教师的观点不是案例学习的中心,甚至案例判决的结论也不是不可挑战的,关键在于引导学生在分析讨论的过程中达到对所授知识的深刻理解和掌握。其次要求学生提高英语语言运用能力,特别是检索整理和阅读国际法英文材料的能力,摆脱对中译版的二手材料、案情简介的依赖。这需要学生付出努力,大量阅读法律英语内容进行练习。

(三)加强国际法实践教学方式的探索

国内法学科的研究生有较多机会通过实习和模拟演练进行学科实践能力的锻炼,如去律所、法院、检察院实习,在各级法院旁听庭审,组织模拟法庭等,了解法律在实际案件中的运用情况。国际法的调整对象决定了国际法实践教学和实践能力运用培养的困难。国际法学科学生接触国际争端解决机构和国际法实践

---

① 衣淑玲:《国际法学研究生教学方法改革探析——以法律实证研究为视角》,《研究生教育研究》2012年第1期。

的机会较少，难免给人隔空喊话的距离感。[①]"体现在案例中的国际法，是实践中的国际法，从实践中学到的国际法，是活的国际法。"[②]锻炼国际法实践能力对于学好国际法至关重要，事实上，国际法律规则并非空中楼阁虚无缥缈，更不是毫无实际用处的纸上谈兵，特别在跨国经济贸易领域，国际规则和国际权利救济手段在实践中运用广泛，可通过组织国际模拟法庭、模拟联合国、模拟世贸组织争端解决机构、外贸法律实训等模拟实践教学法，结合案例学习，提高学生运用国际法的能力。模拟仿真案例教学对学生的语言能力、知识掌握程度有较高要求，更适合研究生阶段的教学培养。

此外，在国际法教学中应开展双语和全英文教学模式，使学生尽量接触国际法原文材料，准确理解内容。鼓励学生重视英语学习，在学有余力的前提下修习第二外语。

[①]　杨万柳、胡宏雁：《案例教学在国际法学教学中的运用》，《经济研究导刊》2013年第11期。

[②]　韩秀丽：《对中国国际法教学的反思——中美比较视角》，《教书育人：高教论坛》2010第9期。

第二编

教学范式与方法

新生研讨课的考察及推行研究①

茅铭晨　从海燕②

摘　要　创新型人才培养,需要有创新型的教学方法。为培养创新型人才,国内外都在探求新的教学形式和内容。新生研讨课(Freshman Seminars)作为一种方兴未艾、深受大学新生欢迎的新型课程,其价值越来越受到国内外大学的关注,应当积极推行。

关键词　新生研讨课;适应性转换;学术性转换;推行研究

一、新生研讨课的发展背景和教学价值

新生研讨课由哈佛大学于 1959 年首创③,起初是为了帮助刚进入大学的新生适应全新的环境,顺利完成由中学阶段向大学阶段的过渡,培养学生的专业兴趣和科学研究能力。如今,它已成为美国高校本科教育普遍开设的一种课程。例如,麻省理工学院、斯坦福大学、普林斯顿大学、加州大学伯克利分校和圣地亚哥分校等美国著名高校都开有新生研讨课。目前,美国超过 80% 的大学开设了此类课程。新生研讨课传入国内后,清华大学于 2003 年 11 月首先推行,随后,浙江大学、复旦大学、上海交通大学等国内名校纷纷尝试,取得了良好效果。

新生研讨课通过对学生自身以及学生与学生之间、学生与教师之间、学术知识之间的多重互动关系,体现出其具有与传统课程不同的多方面的价值和意义。

①　本文发表于《财经论丛》2014 年增刊,为浙江财经大学 2013 年度教学研究课题重大项目研究成果。感谢李占荣、李政辉教授和李春燕、刘勇副教授对本课题研究的支持和提出的宝贵意见。

②　茅铭晨,法学博士,浙江财经大学法学院、中国政府管制研究院教授,博士生导师;从海燕,浙江财经大学法学院硕士研究生。

③　刘方琨:《新生研讨课的教学实践与课程政策——以中美若干所研究型大学的比较为视角》,浙江师范大学 2009 硕士学位论文。

（一）激发学习兴趣和探索欲望，提升专业兴趣

新生研讨课使得学生在高水平教授的引导下，激发出求知欲、好奇心，并对自己感兴趣的知识有多接触和多了解的机会，有利于明确以后的学习方向。例如，在学术、科研以及人才培养等方面都有与众不同之处的麻省理工学院非常重视在新生研讨课中贯彻其独特的教育理念。在该校新生研讨课上，授课教师用各自独特的方式来带动课堂的气氛并相应地提出相关研讨主题，极大促进了新生对这门课的喜爱，同时也使得新生能够正确了解自己所选择的专业，巩固专业思想。

（二）通过自我体验和自我认知，培养科学研究能力

与一般课程不同，新生研讨课不仅让新生学习知识，更重要的是让新生体验认知过程，启发学生的研究和探索兴趣，培养学生发现问题、提出问题、解决问题的意识和能力，使大学新生有机会接触学术前沿、感悟为人为学之道。在新生研讨课这种互动式的教学方式下，能培养学生良好的科学思维方式，掌握必要的学术研究方法，学会运用批判性思维提出问题。[1] 例如普林斯顿大学的研讨课[2]强调讨论、论文写作和课堂表述，而不是测验和考试。这些环节有利于将新生和世界连在一起，引导学生在自己所喜爱的主题下迎接富有新奇感和挑战性的新事物，培养自主科学研究能力。

（三）增进师生互动，形成合作型、研究型教学模式

新生研讨课不是传统上的教师"满堂灌"的教学形式，而是讨论研究的方式。和谐的师生关系、充满正能量的同学关系得以在这种教师和学生之间的多向交流和互动中形成。[3] 课上的交流不仅能使学生增长知识，扩宽视野，而且也能增进老师和学生之间的相互了解，建立起良好的师生关系，更好地帮助新生顺利完成学习阶段的转换过程。

---

[1]　丁宜丽：《新生研讨课：美国本科教育的特色课程》，《中国大学教学》2005 年第 8 期。
[2]　朱克勤、任仲泉：《关于美国几所高校的流体力学新生研讨课》，《力学与实践》2005 年第 1 期。
[3]　郭雷振：《美国顶尖文理学院新生研讨课的实践探析》，《教育科学》2012 年第 4 期。

二、新生研讨课教学方法、教学环节和教学管理相关制度的考察

新生研讨课的共同使命是帮助新生实现适应性转换与学术性转换。但国内外高校之间，以及国内不同高校之间，新生研讨课的教学内容、教学方法、教学环节和教学管理相关制度也各具特点。

美国加州大学伯克利分校的新生研讨课具有灵活多样的形式，不仅充分体现了为新生服务的理念，而且具有一定的学术深度。伯克利分校的新生研讨课有两类独特的课程方式值得推荐：一类是"同读一本书"（On the Same Page），另一类是"思想午餐"（Food for Thought）。[①] 前者作为一门新生研讨课，核心内容是教师和学生围绕共同研读的一本近年来的畅销图书展开；同时，通过组织有关主题的大班讲座报告，邀请作者与学生进行对话，学生能够面对面地与作者交流体会，这起到的作用远远不止为学生读书提供动力。"思想午餐"的形式是学生和教授有机会共进午餐，通过共同讨论一些看似轻松的问题，让新生了解大学学习和研究的基本特点、感兴趣的领域和科学研究需要具备的基本品格。阿巴拉契亚州立大学的新生研讨课也颇具特点。该校的新生研讨课分为"普通研讨课"和"主题研讨课"两大类。普通研讨课主要关注的是学生的适应性转换，其内容不仅包括对新生阅读速度、效率和计算能力的训练，还包括帮助新生学会如何管理生活和学习的时间，如何对付压力以在新的环境中保持身心健康等。与普通研讨课相比，主题研讨课则更关注日常生活中的各种跨学科问题，大到宇宙空间、国际社会，小到身体机能、细胞分子，都可以是这类研讨课的内容。

国内高校如南京理工大学开设的新生研讨课，则是由各学科领域的教授开设的小班研讨形式的课程。与传统的教学相比，新生研讨课在教学模式、授课方法、教学媒介、考核手段等方面有很大的不同和突破。这些新生研讨课多以探索和研究学术问题为指向，更多强调师生互动和自主学习。

尽管各校新生研讨课各具特点，但共同之处在于都以学生为中心，采取师生互动、灵活多样的教学模式，帮助新生更好地实现适应性转换和学术性转换。

---

① 张红霞：《美国大学的新生研讨课及其启示》，《中国大学教学》2009 年第 11 期。

三、新生研讨课的功能构造与特点

(一)新生研讨课的功能构造

1.适应学习阶段转换功能

新生研讨课的首要功能是帮助大一新生适应新的环境和学习模式。大学新生刚刚脱离应试教育的环境,对于新的自由生活和学习方式往往存在不能很好适应的问题。新生研讨课不仅可以丰富新生的课余生活,而且能够帮助他们更快地适应新的学习环境,为以后的学习生活奠定基础。

2.专业认知功能

在报考大学的时候,学生选择专业带有很大的盲目性,通过新生研讨课及教师对专业领域的别样介绍和讲解,再通过对各种形式的课堂探讨和引导,教师能够及时转变一些新生对专业的不正确认识,为今后的专业学习明确方向,提供动力。

3.转变学习方法功能

新生研讨课通过开放的、灵活轻松的教学模式,训练学生从其他角度思考问题,特别是主动参与,积极思考问题,敢于提出问题,使得新生能够获得自主性、探索性的学习体验,潜移默化地影响他们的学习习惯,养成更富有效率的学习方法。

4.综合素质培养功能

新生研讨课的课程模式能够培养学生对所发现的问题进行自主解决的意识,锻炼学生口头和书面表达的能力、自我学习能力、人际交往能力、自我调节情绪的能力、搜索信息资料的能力、独立研究的能力及创新能力等。

(二)新生研讨课的特点

1.教学内容的专题性和探索性

新生研讨课相比选修课和必修课一般课时更少,具有专题性和探索性特点。知名教授可以选择或是自己深有研究或是师生共同感兴趣的问题,带领渴望得到启发和体验新知识的新生一起去探索,从解决问题的过程中收获乐趣,获得知识。

2.教学形式的小型性和灵活性

新生研讨课以人数严格限制的小班为教学单位,人数通常控制在 8 至 20 人。采用小班化教学不仅有利于教师与学生之间的了解和互动,使得教师有更多的机会了解学生,而且也使得学生有较多的机会参与课堂活动和获得教师点评,从而大大提高学习效果。小班教学赋予该课程足够的灵活性,没有固定的教材、死板的教学进程和呆板的考试内容,在课程时间安排和地点选择方面也往往具有很大的灵活性。

3.学习课程的兴趣性和自主性

在学生选课之前,由知名教授向教务处提供开课介绍等有关材料,然后由教务处将相关材料(包括该知名教授的科研成果、研究领域、课程内容介绍等)编印成册,向新生发放,由新生根据其兴趣、而非单纯以学分为目的来选择课程。全校学生不分专业,原则上可以根据自身兴趣爱好自由选择一门新生研讨课。

四、新生研讨课的推行研究

在我国,一方面,由于基础教育阶段"应试教育"留下的各种根深蒂固的问题,使得学生在学习方法上过于依赖书本和老师,缺乏独立思考的意识和创新研究的能力,也使得学生从中学到大学过渡的适应性问题格外突出。另一方面,在高等教育阶段,我国高校课程体系很多年都不曾有大的结构性变动,与学生的学习需求、社会的迅速变化产生了一些矛盾;教学方式拘泥于传统的单向传授方式,教学过程缺乏启发性、创新性和互动性,不注意调动学生的学习积极性,不重视启发学生对社会的关注,不积极引导学生对问题的研究兴趣,制约了创新型人才的培养;政策导向导致教师,尤其是知名教授把主要精力放在科研甚至对外关系上,学生较难接触到心目中崇拜的知名教授,鲜有机会接触到知识前沿,严重遏制了学生追求知识、开拓创新的激情。[①] 上述我国高等教育的"通病",导致师生之间鲜有探索性双向交流,学生成为被动的知识储存器,学习过程成为教师课堂上"填鸭式"灌输、学生临考前死记硬背应对考试的单调过程。这使得新生研

---

① 黄爱华:《新生研讨课的分析与思考》,《中国大学教学》2010 年第 4 期。

讨课在我国高校普遍推行显得更加必要。与此同时,新生研讨课还可以弥补当前我国高校新生教育主要以军训、思想政治教育、校史校规教育等教育方法的不足,让新生能够获得大学教育中平等、合作、互动关系的体验。此外,新生研讨课对于建立教师与学生课外联系,促进专业教师关心和帮助学生的整体发展,乃至改善大学生辍学现象、提升毕业率等均具有积极的影响。①

2012 年 3 月,教育部《关于全面提高高等教育质量的若干意见》提出,要"把教授为本科生上课作为基本制度,……让最优秀的教师为本科一年级学生上课。……倡导知名教授开设新生研讨课,激发学生专业兴趣和学习动力"。这说明,国家教育行政部门也已经充分认识到开设新生研讨课对于提高我国高等教育质量和学生培养的重要意义。

为全面推行新生研讨课,有必要结合我国高等教育的实际情况,对这门课的教学组织、教学管理和教学方式进行进一步研究,在确保其灵活性和多样性的前提之下,明确并解决推行过程中的一些共性认识和实际问题,从而使其成为高等教育课程体系中的一个充满生机和活力的有机组成部分。

(一)课程定位

新生研讨课是面向刚刚进入校园的一年级学生开设的选修性质的课程,但它又应当与传统意义的选修课有明显的区别。其基本功能主要不是让学生学习某一方面的专门知识,而应当定位于帮助大学新生顺利实现适应性转换与学术性转换。

(二)教学目标

新生研讨课一般应由高校知名教授开设,让新生一进入高校就有接触知名教授的机会,近距离接触学术前沿和社会热点问题。师生互动和研讨性学习可以让新生在学习过程中体验一种全新的对大学、对社会、对专业的认知过程,尽快适应大学教学,加深对社会和专业的认识和理解;可以从不同层面启发学生的问题意识、学习兴趣和探索精神,培养学生提出问题、分析问题和解决问题的能力,为学生今后的学习研究奠定良好基础。

---

① 林冬华:《美国新生研讨课全国调查 20 年:背景、发展与启示》,《中国高教研究》2011 年第 11 期。

（三）课程内容

与通识教育课程体系需要考虑不同学科的覆盖结构、不同课程之间的互补性不同，新生研讨课的教学内容应坚持不拘一格、灵活多样的原则，结合教师的专业特长和学生的兴趣而定；课程体系宜由专题构成，而不宜由系统性知识构成。这些专题可以是开课教师多年教学、科研成果的提炼，也可以是开课教师多年大学和社会经验的总结；不仅仅局限于本专业的知识和问题，也可以涉及交叉性学科知识和问题乃至更为宽泛的知识和问题，为学生根据自己的兴趣和需求选课提供条件。

（四）教学对象

新生研讨课的教学对象为全校一年级新生。为便于开展小组讨论，应采取小班化教学形式，每班人数控制在 8 至 20 人为宜，具体人数可由各任课教师根据实际情况确定。这就存在选课的学生并不一定都能选上课程的问题，需要通过制定一定的规则选择学生，确保录取的规范性和公正性。可供选择的规则包括：根据学生的入校成绩排名择优录取[①]；根据授课老师事先公布的选课条件择优录取；根据选课时间的先后按照"先来先得"原则（能够在一定程度上反映学生对课程的喜好程度和迫切程度）录取等，或者是上述条件的综合。不管采取何种规则，都要坚持公开透明，做到规则公开、过程公开和结果公开，接受广大学生的监督。

（五）教学方式

新生研讨课注重学生主动学习，因此，应当采取学生在任课教师的组织下，围绕共同感兴趣的专题，在学生与学生之间、学生与老师之间展开互动交流的方式。同时，辅之以小组讨论和活动，进行团队合作学习、探讨和训练。在教学过程中，注重让学生自行进行资料的收集和阅读，注重让学生积极参加讨论、交流、写作，注重学生之间的合作和鼓励学生进行批判性思考。

（六）课时学分安排

新生研讨课的课内总学时一般安排为 17 或 34 个课时，学分数为 1 至 2 分。

---

① 上海交通大学本科教育信息网：《新生研讨课手册》，2014 年 9 月 30 日，http://jwc.sjtu.edu.cn/web/sjtu/198044－1980000001312.htm。

个别课程如果内容丰富,也可以考虑安排 51 个课时,3 学分。新生研讨课的学分可以计入公共选修课学分或专业选修课学分。对于新生研讨课能否计入通识课学分或学位课学分,每个学校可以有不同的做法。从现有开设此类课程的高校看,有的计入通识课学分乃至计入学位课学分[①],有的则明文规定不应计入通识课学分和学位课学分。不管采取哪一种计入学分的方法,都应当从各校教学管理的实际和课程内容出发,同时,应当由教学委员会之类的机构通过专家论证决定。

(七)考核方式与成绩

新生研讨课的考核方式应由任课教师确定,一般以灵活多样的综合考核方式来代替传统的书面考试。在课程成绩的评定方面,宜采取"优秀""通过""不通过"三种形式。"不通过"的学生不能获得该研讨课的学分。同时,在课程结束的时候,宜由教师给每一位学生写一份简短的书面评价,并将书面评价和学生的成绩一起放入学生的学习档案之中。这种设计,有利于将师生从传统的考试方式和考试成绩的约束中解放出来,更好地开展自主教学和自主学习,也有利于反映学生的学习个性。

---

① 胡莉芳:《以课程建设推动本科人才培养——新生研讨课的角度》,《复旦教育论坛》2012 年第 5 期。

法学课程案例教学法的分析与应用

唐丰鹤　王宇锋①

摘　要　自高考恢复以来,高校法学教育在我国已经走过 40 多年,法学教学方法也在不断改进。多年来我国法学界和法律教育界在不断摸索开辟一种新的教学方法,既能让学生拥有扎实的法学理论功底,又可以培养学生的实务能力。英美法系国家的案例教学法是当前法学教学方式改革的基本趋向,但由于教育制度和法律体系的不同,一味照搬国外的教育方式显然是不可取的。如何根据我国的实际,对案例教学法进行变通是眼下亟待解决的问题。

关键词　法学应用;教育方法;案例分析

一、案例教学方法的概念及作用

案例教学法是以实际案例为主要内容,教师作为案例情景的介绍者和引导者,使学生融入某种情景,并在教师的指导下在案例中寻找问题、提出问题以及解决问题并从中获取专业知识的教学方法。案例教学的起源可以追溯到 1870 年,由时任美国哈佛大学法学院院长兰代尔(C. C. Langdell)首创,其编著的《合同法案例》首次引入了案例教学法。案例教学法在 20 世纪 80 年代传入我国,并逐渐被各高校的法学课堂运用。

相较于传统方式的教学方法,案例教学法的优点在于:第一,可以调动课堂气氛。法科生学习法律理论知识固然重要,先理解了基本原理,打下扎实的基础,以便于今后能更好理解更深入的知识。但若一味追求理论知识难免会使课堂枯燥乏味,学生的积极性和注意力会随着课堂时间而降低。第二,有利于锻炼

---

① 唐丰鹤,法学博士,浙江财经大学法学院副教授,硕士生导师,法理学系主任;王宇锋,浙江财经大学法学院法理学专业硕士研究生。

学生的法律思维,培养独立思考能力和创新能力。学生在分析案例的过程中,应该重视解决问题的思维方式和思考过程,而不是仅仅为了得出一个答案。学生在这个过程中主动收获并掌握知识,同时也锻炼了独立思考和解决问题的能力,在对一个问题寻求多种答案的过程中培养创造性思维和应对复杂变化局面的能力。第三,可以培养学生的综合素质。具体表现为,学生在做案例分析后,对自己的观点进行展示的同时可以锻炼口头表达能力。在讨论和研究案例的过程中,学生彼此交换自己的见解、通力合作、截长补短,在学生间、师生间形成交流互动,促使学生学会尊重、聆听、理解与合作,培养人际关系处理能力。最后,有利于提高教师的教学能力。案例教学法对教师自身的理论知识和综合素质的要求也非常高,除了要有丰富的教学经验外,还需具备将理论与实践相结合的能力,教师在挑选案例时,应当搜集和筛选适合教学的案例,并不断更新教学内容,这样才符合富有创新性、实践性和灵活性的案例教学法的需要。此外,案例教学在课堂引导,课堂控制和点评等环节需要教师有较高的教学能力,对教师是一个严峻的考验。在授课的过程中教师也能不断学习和提升自身水平,弥补不足,形成教学相长的良好互动,提高教学水平和教学质量。

二、世界两大法系国家与我国法学教学方法与制度

普通法系(即英美法系)国家主要以案例分析法为主要教学方法,这与其教育方式和法律体系的发展有密不可分的关系。首先,普通法系国家法律形式以判例法为主,制定法仅处于辅助地位,而且制定法也是在判例法的基础上制定的;其次,在普通法系历史发展中,缺乏大陆法系那样由法学家长期研究法律的历史传统,而法官对法律的发展具有重要作用,拥有制定法律和解释法律的权力。[①] 因此普通法系国家在教学中把案例看作一种可以从中阐明法律原则的、经过推理归纳后得出的原始经验材料。他们认为研究法律要追溯其最根本的源头,而法律的源头就是已经判决生效的案例汇编,由此导致案例教学法的广泛采用。

大陆法系国家采用"讲授式"的教学方法,法律形式以抽象的制定法为主,不实行判例法。因此,教育内容侧重于对抽象的法律概念进行解释,并归纳总结出其中的原理。教科书内容注重抽象理论知识,涉及实际问题的内容相对较少。

---

① [美]李希:《高等学校教学论》,兰州大学出版社 1991 年版,第 162—163 页。

法学院的教育目的不在于培养学生的法律执业技术能力,而是注重对法律基本原理和概念的推导和理解,把法律作为一种科学引导学生研究学习。

我国传统法学教育方法与教学制度和大陆法系国家的"讲授式"相近,即由教师在讲台上主讲,学生在下面听课做笔记的教学方法。这种方法能让教师在课堂上系统地讲述法的渊源、法的基础理论、法律的实际运用等问题,以教师讲为主,通过讲授实现知识的传递。在法学界和法律教育界,对"讲授式"教学方法有不同的意见。赞同的观点认为,该方法能全面且系统地讲授法学各学科的理论知识,使学生理解法学的基本理念和架构,搭建了扎实的法学基本功底。而反对的观点认为,这种教学方法比较单调枯燥,学生往往是被动接受知识,难以调动学生的学习积极性,不应成为法学课堂的主要教学方式。目前,人们已开始认识到实践教育工作、教师个别指导以及开设适合进行讨论的小班制的重要,许多法学院已实行了各种改革和实验方案。①

在教育制度方面,也体现出两大法系对法学教育的不同理念。英美法系国家以美国为例,美国的法学教育属于本科后的专业教育,又称法律执业教学,即只有在取得其他专业的学士学位后才能继续在大学攻读法律。大陆法系国家的法学教育在性质上属于一般的学科教育,将法律作为一门科学来教导学生,而非美国式的法律职业教学。法律职业教学偏重于在现实生活中如何解决实际的法律问题,这种教学方式的好处在于有助于学生掌握实务技能,特别是执业律师的工作技巧。同时可以锻炼分析、推理和表达能力,提升学生的综合素质。但这种教学方式一样也受到了批评,普通法系国家法律传统追求程序正义,案例教学法过分侧重于实务案例和诉讼程序的研究,疏忽了理论知识的学习。同时,案例分析教学法也被认为不能教授法律的历史进程,不能教授律师执业的道德基础,也不能教授如何对立法在法律制度和程序中的作用进行评价,学生们被训练得只是为了求得逻辑上的一致而接受法律的规则和假设。② 因此,在20世纪50年代后,虽然案例分析方法仍为法律教育的基本方法,但越来越受到其他方法的排挤。③

① 宋冰:《读本:美国与德国的司法制度及司法程序》,中国政法大学出版社1999年版,第219—220页。

② 参见[美]李希:《高等学校教学论》,兰州大学出版社1991年版,第10,35—36页。

③ [美]约翰·亨利·梅利曼:《大陆法系》,知识出版社1984年版,第72页。

三、案例教学法的应用

(一)案例教学法不能盲目套用

我国的法律教育是在高中毕业后直接在大学本科阶段进行且没有英美法系的法律职业培训,加上法学教育同时兼顾法学研究人才的培养,其结果必然导致法科毕业生不能满足社会对于法律实务人才的要求,[①]所以盲目套用国外的教育方法不切实际。况且,案例教学法本身也存在不少弊端,笔者不认为案例教学方法一定胜过于传统教育方法。法学教育方法不仅仅是一个方法选择的问题,还是一个实践的过程。不可否认,一位高水平的法学教师依然可以用"讲授式"的教学方法,在讲台上慷慨激昂,台下课堂气氛活跃,学生听课津津有味,并受到一致好评。实际上,结合大陆法系国家实际特点,"讲授式"教学方法能更好地将我国的法律文化与高校法学课本知识融会贯通,况且并不是每一个法律概念都可以找出对应的具体案例。学习是一个知识传递分享的过程,古语道"师者,所以传道受业解惑也",教师在课堂内将自身所学的知识讲解给学生,学生在课堂或课后与教师进行交流,提出疑惑并寻求教师的解答,最终将知识消化理解。

教学方法并不存在绝对好的和绝对不好的。事物具有两面性,没有任何一种方法是可以一劳永逸地解决现有及将来的问题。在法学教学实践中可以发现,某一种教学方法可能在某一门学科中是行之有效的方法,在另一门学科中则是失败的方法;在某一学科的某一部分运用自如,在该学科的其他部分则难以发挥作用。[②] 然而在"讲授式"教学方法中会出现教师上课缺乏激情,只根据课件上的内容述而不作,课堂氛围枯燥乏味缺少互动,理论与实际结合较少等问题。虽然这些问题并不是必然出现,而且法学界和教育界也在有意识地回避此类情况发生,但不可否认的是,上述问题在"讲授式"教学方法中是比较容易形成的。

(二)具体应用

根据上文的分析,无论"讲授式"教学方法还是案例分析教学方法都有各自的利弊。针对中国法学教学方法的现状,在借鉴案例教学法时,必须坚持一个原

---

① 王泽鉴:《法学案例教学模式的探索与创新》,《法学》2013 年第 4 期。
② 邵俊武:《法学教学方法论要》,《法学评论》2000 年第 6 期。

则:以传统教学方式为基础并在方法上进行创新。具体而言,案例教学法要尊重学生的主体地位,在学习理论知识的同时注重培养学生法律执业能力,通过真实案例分析,一方面要理解法律原则的精神理念,另一方面要学会具体做法并合理吸收。此外,在教学案例选择以及案例教学法的具体实施方式层面上应该从中国实际情况的角度出发考虑,革新思路,采取创新性做法。

1.建立高质量的案例库

案例是实施案例教学的基本要求,选择适合教师教学并能让学生接受的案例对案例教学至关重要,案例的质量会直接影响教学效果。在选择案例时,考虑到法学专业课程种类繁多,各部法律都有自己的调整对象,所以挑选的案例要有针对性和目的性,每一个案例在理论方面都有其侧重点,仅仅只凭几个案例反映出的问题代表不了一个或几个学科。如何选择具有典型性的案例,可以从案例的收集和选择途径入手。全国各级法院每年受理并审结的案件有几百万甚至几千万,完全由教师自行在其中寻找合适的案例,会导致不必要的重复劳动。最高人民法院于 2014 年开始,以月度发布的形式公开人民法院的指导性案例,这无疑是课题案例的直接来源。在案例的难度上应该要有所把握,可采取先易后难循序渐进的方式,以便于学生理解。同时,教师应及时关注国内外的热点事件,从中不断发掘适宜教学的新案例,及时更新教学内容,并根据新法律法规进行调整,适应时代的发展和需要。

2.做好课前准备工作

教师使用案例分析法,除了备课之外在授课前务必要将事先准备好的案例材料发放给学生,以便于事先预习和充分了解上课内容。在课堂上听取学生的意见和观点之后教师再讲述相应内容,学生可以根据教师的讲解发现自己的不足之处并弥补,结合教师的观点对自己的思维推导过程及结果进行完善,从而有效吸收知识点。"三人行,必有我师焉",亦可能有学生提出教师未曾考虑到且确实正确的观点,使课堂内容更加完善,如此充分调动了学生的学习积极性和主动性,形成了教师和学生共同进步的良性教学氛围。

3.灵活运用案例教学方法

事实上,美国从 20 世纪 50 年代开始,有许多学者主张美国法学院在法律教育模式上应借鉴大陆法系,使学生兼顾理论与实际,并对传统案例教学法采取了颇具深意的改革措施,如增加案例教学内容。同理,在中国也可以采用两种教学方法相结合的模式。适当加入与课本知识具有相关性的案例,有利于激发学生的学习兴趣。学生在阅读案例材料,发现和提出问题以及解决问题等环节中都是参与者。"一千个人眼中就有一千个哈姆雷特",法学作为社会科学并没有唯一的标准答案,学生在分析讨论案例时就是一个思维和观点碰撞的过程。教师这时便可以起到主导作用,引导学生对案例进行分析讨论,为学生点拨分析问题的思路,组织进行观点辩论,让每一位学生在思考和讨论上都有参与度,之后可以针对学生的回答进行点评。如此在师生之间有一个良好的交流互动,从而能调动课堂的气氛,使其不再枯燥乏味。此外,经过学生自己思考的知识点也更容易理解和运用。

实践是检验真理的唯一标准,教师在授课的过程中应当不定期抽出时间检查课堂教学效果,一旦发现案例教学无法通过案例法达到教学标准时,应采用理论知识讲授与案例分析相结合的方法。值得注意的是,对于理论性较强的学科,如法理学,应当以讲授法为主,但其中关于权利义务、法律与道德、公平正义等概念是比较容易寻找案例来帮助学生理解的。此外,对于应用性相对较强的学科,如民法学、商法学、刑法学、民事(刑事)诉讼法学等,可以采用原理讲授与案例分析相结合的方法。

法学研究性学习与研讨式教学的作用①

魏腊云②

摘　要　法学研究性学习是法学研究生教育的理念和重点,法学研究生应加强超越国家法条的社会法理学习,树立超越功利思维公平正义的诉求理念。研讨式教学与法学研究性学习存在内在契合,研讨式教学塑造研究生求真务实的学术品格,彰显法学思想的开放性和求是性,训练研究生的法律思维敏锐性和逻辑严密性,促进研究生的法律语言文字表达准确性和严谨性。

关键词　研讨式教学;法理学;研究性学习

一、研究性学习的理念

对于大学法科教育的理念,冯象先生有精辟论述:"现代法学院作为大学的一部分,另有一个立场,即基于大学理想、淡化职业主义的立场。什么是大学的理想呢? 大学的理想在教育自治、学术独立。倘若奉行这一理想,法律教育就不应附丽于法治的需求,囿于培训实用人才或'法律技工',虽然这是雇主们的愿望和资本的利益所在。于是法学院设在大学,而非由律师协会等来操办,便体现了一项重要的公共政策选择:唯有将法律教育与法治的日常生产流程脱钩,法学才能够冲破法条'学理'和资本语言的束缚,关心、探讨现实世界的社会关系和压迫反抗;法学家的解惑、授业与传道,方可以超越法治意识形态而保持清醒的批判意识;莘莘学子才不至于少年老成,早早磨灭了理想和勇气。"③因此,我们的法科教育不仅要培育现代社会所迫切需要的法律专业人才,还应在大学精神的映照下,超越单纯的法律职业主义立场,建构和谐的法治社会。这就提醒我们,法

---

①　本文发表于《民族论坛》2009 年第 5 期,略有删改。
②　魏腊云,法学博士,浙江财经大学副教授,硕士生导师。
③　冯象:《政法笔记》,江苏人民出版社 2004 年版,第 238 页。

科教育必须通过对"法"的研究性学习来呼应现代大学的博大胸襟,实现自身理念的现代转型。对于法科研究生而言,更应加强研究性学习,增强探究式学习的意识,培养创新精神,并有组织地提高研究性学习能力。

(一)摒弃学习法学就是学好法条的观念,加强超越国家法条的社会法理学习

部分法学研究生无法改变那种学习法学就是要学好法条的观点,不太重视社会法理的研究性学习,而是重视阐释法条的科学内涵。法条是法律规则的权威、书面、正式表达,它首先属于国家。但是,如果脱离了对法条的法理分析,对法条的理解、注释就会变成机械的注释。奥地利法学家欧金·埃利希在其代表著作《法律社会学的基本原理》中主张,将法律分为两种,一种是国家制定的,即"国家法",另一种是社会秩序本身——这种法律被他形象地称为"活法"。[①] 对"活法"的研究,即是对社会法理的研究。同国家法条一样,社会法理也是法科教育的内容,在一定意义上,它甚至比国家法条更为关键,超越了国家法条的社会法理才是支配生活本身的"最高法"。法学研究生教育当然要强调超越国家法条的社会法理学习。

(二)摒弃实用主义的价值追求,树立超越功利思维的公平正义的诉求

"法律表面上怎么说"和"法律实际怎么做"分别是法律形式、事实论的中心关切,同时也是功利思维的具体体现。[②] 对于倡导研究性学习的法学研究生教育而言,"法"的范围应当超越功利思维的羁绊,回归公平正义的传统。法学既是治国之学、强国之学,也是权利之学、正义之学。法学之所以成为科学,首先就在于它是正义之学,就在于"法律是正义的体现"已成为社会公理。因此,在法学研究生教育阶段,要想实现教育的目标,关键不在于对法条进行注释,而在于教会研究生真正树立起一种法学的价值追求,超越功利思维的束缚,追求法的公平正义。公平正义不仅是法理学的品格,而且也是部门法学的品格。部门法学同样要研究正义问题,包括实体正义和程序正义。只有从理念上树立超越功利思维的公平正义的诉求,我们培养的法学研究生才会去认真钻研法学,从法理上去掌握法律规则,今后投身于法律实践中时,才有可能不屈服于世俗价值观念,而力

---

① 沈宗灵:《现代西方法理学》,北京大学出版社 1992 年版,第 270—273 页。
② 廖奕:《大学精神与法学研究性学习的中国语境》,《中南民族大学学报》2008 年第 5 期。

争实现公平正义的价值追求。

二、研讨式教学——研究性学习的主要教学方法

法理学教学中主要采用两种教学方法：独白式教学方法和研讨式教学方法。这两种教学方法各有利弊。

独白式教学方法的基本假设是学生的知识是有欠缺的，教师应提示学生学习的不足，直接给学生讲授知识，促进学生学习。独白式教学方法适用于本科生的法理学教学，因为对刚进入大学学习法学的大一新生而言，其法学知识是有欠缺的，因此，面对众多抽象的法律概念、法学概念及命题，他们常处于迷茫的状态中。这时，教师就是知识的占有者与传播者，可以运用独白式教学方法，有效地帮助本科生获悉和了解抽象的法理知识。但独白式教学也有缺陷：缺乏实质性的交流互动，学生在无批判、无反思的课堂环境中唯教师"马首是瞻"，其学习积极性、自由思想及个性往往被扼杀；被动地接受教师传授的法理学知识，所能学到的知识一般被限定在教师的传授范围之内，知其然不知其所以然。

研讨式教学的基本假设是学生具有潜在的学习能力与学习兴趣，教师引导学生学习，培养学生的能力与自信，这一基本假设与法学研究生的特点正好相符。法学研究生在经历了本科阶段的学习之后，已初步具有系统的法学知识和一定的自主学习能力，并且具有学习兴趣。研讨式教学方法的教学过程实质上是教与学的互动，强调教师与研究生之间就某些法理学专题相互讨论、相互交流、相互启发，彼此分享对法律问题的思考，从而谋求对这一问题合理解答的共同进步的过程，是交往与对话的时代精神和生成性哲学思维方式在研究生法理学教学领域的回应。教师应通过研讨式教学，教会学生认真审视法学命题，主动思维，在事实与规范之间往返顾盼，以生动务实的关怀体贴现实、无序的社会现象，塑造出基于问题的法律思维，重构法律问题的能力培养。

研讨式教学是研究性学习的主要教学方法，研究性学习的重心又在培养学生的问题意识。所谓问题意识，是指学生在学习活动中遇到问题时所产生的一种主动质疑、积极探究的心理状态。法科学生若具备问题意识，可以促使其积极思维，不断提出问题，再对问题加以辨析和反思，进行创造性重构。但是，如果缺乏潜在的学习能力与学习兴趣，法学的问题意识便很难树立起来。法学研究生一般已具有潜在的学习能力与学习兴趣，因此应重视对他们的研究性学习能力的培养与训练。

而"问题为本"的研究性学习通常由以下几个环节组成:(1)选择恰当的问题。(2)设计以问题为中心的学习经历,同时决定学生的角色、学习的成果、问题领域的提出文件证明、问题陈述以及评价等事项。(3)建构教学模式,确定活动形式、学习指导与评价、时间框架和问题的流程等事项。(4)指导关键的教学活动:确定问题、收集信息、提出方法、展示结果、报告实施情况。(5)精心的评价与指导阶段,评价内容包括问题的陈述、思维网络图、工作日志指导、校外专家的反馈、小型课程、实地调查以及实验等。① 法学研究生教育必须坚守自己的问题立场,努力展开以"问题为本"的法学研究性学习,以培养学生的问题意识与解决实际问题能力。

在法理学的研讨式教学中,为提高学生的研究性学习能力,教师首先应选择合适的专题,充分调动学生的创造积极性。其次,教师应该围绕这些专题设计出具体的问题域,并指导学生以问题为中心来搜集资料,要引导学生准备问题陈述、对问题的评价等事项。这实际上是在设计以问题为中心学习经历。再次,是实践教学活动环节,教师要就学生陈述的问题、解决方法、实施方案做出具体的评价,引导大家就这些问题展开讨论。最后,也是最关键的环节,由教师做出精准的评价,指出存在的问题和不足,并鼓励学生坚守自己的问题立场,逐步完善自己的观点。

三、研讨式教学对法学研究性学习的作用

研究生法理学的教学目标在于通过理论素养的提升以培养和提高学生的思辨能力,通过研究性学习能力提高这一契机为法律人的培养夯实基础。研讨式教学与"问题为本"的法学研究性学习存在内在契合。

(一)研讨式教学训练研究生的法律思维的敏锐性和逻辑严密性

"问题为本"的研究性学习必须培养学生的问题意识,必须设计以问题为中心的学习经历,在教师设计了问题域的情形下,研究生还必须提出自己的问题,准备问题陈述,为此他们必须搜集大量的资料,并对问题做出评价。研讨式教学中,研究生通过发挥自己的教学主体作用,就某些法理专题深入探讨,在讨论中获得对某一问题的深入认识,不仅知其然,而且知其所以然,从而达到训练法律

---

① 李子建、尹弘飚:《研究性学习实施论纲》,《课程 · 教材 · 教法》2004 年第 3 期。

思维的敏锐性和逻辑严密性的目的。研讨式教学不仅能够提高他们的研究性学习能力,而且对他们领会知识和掌握技巧具有重大意义。同时,在研讨式教学中,教师也必然会要求学生运用法律方法来论证法律问题,法律方法有助于训练法律思维的敏锐性和逻辑的严密性。法律解释与法律推理是经常采用的法律方法,而要进行法律解释和法律推理,则要求研究生的眼光必须往返于法律事实与法律规范之间,克服法律规范和法律事实之间的张力。

(二)研讨式教学塑造研究生求真务实的学术品格,彰显法学思想的开放性和求是性

"问题为本"的研究性学习培养研究生解决问题的能力。研讨式教学对法理学难题的探讨,就是要求研究生以求真务实的学术品格,坚持寻求对深奥的法理学难题的正确解答。学术品格对于研究生学习各门科学知识和进行各种科学研究至关重要,它不仅是学术存在和发展的支撑点,也是学术生生不息、推陈出新的活力源泉。知识积累并不是学术传统中最重要的东西,更重要的是作为其精神表现形式的理论旨趣和学术品格,它们是学术传统中活的灵魂。这些理论旨趣和学术品格具体表现为人在学习和研究中敏锐的观察能力、准确的辨别能力、缜密的思维能力、丰富的想象能力、扎实的实践能力、非凡的创造能力。这些能力并不是一朝一夕就能形成的,要靠长期的培养和训练。如一些法理学难题虽然在法学家那里一直未能达成共识,但通过对这些问题的研讨,有助于提升研究生缜密的思维能力、丰富的想象能力和非凡的创造能力,进一步捍卫真理的殿堂,努力实现和维护法的公正,从而进一步提升研究生的法学理论素养,彰显法学思想的开放性和求是性。

(三)研讨式教学促进研究生的法律语言文字表达准确性和严谨性

研究性学习的理念和重点要求研究生能够超越功利思维,超越国家法条,树立公平正义的价值诉求,从实践上重视对社会法理的学习。因此,在研讨式教学中,应结合研究性学习的理念和重点,除了要求研究生理解法律原则、规则、概念外,还应要求他们联系社会的生活实际,运用社会法理来领悟法的精神要旨,并能在理解中用自己的语言科学、规范、严谨地表达其含义。在研讨式教学过程中,研究生要在教师的引导下,不断发现自己的不足,综合运用语言知识、法律知识和逻辑知识(当然也还有其他学科的知识),通过严谨的逻辑论证,力求法律语言文字表述准确和严谨。

论大学教育推行小班教学的必要性和对策[①]

曾章伟[②]

摘　要　大学教育推行小班教学符合教育民主化、公平化的要求。淡化教育产业化、行政化、功利化思想,改变重科研轻教学思想,树立教学中心地位,推行小班教学,才能培养出优秀的创新型人才。

关键词　大学教育;小班教学;必要性

17 世纪初提出班级授课制的捷克教育家夸美纽斯不会想到,21 世纪中国大学教育中,班级是一个上百人甚至数百人的"超级大"班级。大班教学,师生关系不和谐,学生身心健康状况尤其是心理问题突出,教学效果不佳,教学质量难保证,人才培养质量堪忧。大学教育中只有倡导小班化教学,才能提高教育质量,培养出德智体美全面发展的人才。

一、大学教育实行小班教学的必要性

(一)小班教学是实现大学教育民主化和教育公平化的必然要求

大班教学,教师一言堂、满堂灌,是课堂的独裁者,演独角戏,学生在课堂教学等教育活动中缺乏主动性,大学生教育主体地位缺失。大学教育民主化要求师生法律地位平等,确立大学教育关系中教师和学生的双主体地位,保证学生人人都能成为教学活动的组织者、参与者,学生可以自由选择教学活动、教学方式和教学内容。教育公平化要求教育起点、过程和结果机会均等,核心是使每个学生都受到适合本人个性特点的教育,要求教师根据每个学生的兴趣爱好和才智

---

① 本文发表于《法律与经济》2012 年第 5 期。
② 曾章伟,法学硕士,浙江财经大学法学院副教授,硕士生导师。

基础,设计教学计划、教学方案,采取不同的教学方法。大学教育要做到有教无类,更重要的是要实施因材施教。大班人多教师少,学生缺少个性化的教育机会,教育公平化蜕变成教育同质化,教育民主化要求缤纷多彩的个性化教育而不是同质化教育。

在西方国家,大学培养的杰出人才多,与其实行小班教学是分不开的,因为小班教学能保证每个学生都能得到个性化的教育。小班教学条件下,人人参与,人人学特长,学生自主为人为学,才是大学教育民主化和公平化的真谛。大学教育应该树立以人为本、学生中心、教师服务的思想,实现扩招求数量向个性教育求质量的转变,推行小班教学。

(二)小班化教学,是有效开展思想政治教育和心理教育的必然要求

科教兴国和人才强国要求加强和改进大学生的思想政治教育,提高大学生的思想政治素质。当代大学生面临着大量西方文化思潮和价值观念的冲击,一些大学生不同程度地存在政治信仰迷茫、价值取向扭曲、社会责任感缺乏、心理素质欠佳等问题。课堂教学在大学生思想政治教育中发挥主导作用,大班教学连起码的课堂纪律都不好维持,难以有效开展思想政治教育,思想政治教育效率低下,难以解决思想政治教育存在的问题。

大班教学,老师连学生的名字都不知道,更谈不上交流了。小班教学,教师与学生的交流沟通频繁,教师能贴近实际、贴近生活、贴近学生,及时掌握学生的思想政治动态,及时调整思想政治课程内容,改革和创新思想政治教学方法,关爱学生并帮助学生解决思想政治问题,增强思想政治教育的吸引力、感染力,提高思想政治教育的针对性和实效性,帮助大学生形成正确的世界观、人生观和价值观,并成为政治坚定、理想远大、诚实守信、廉洁清正、敢于担当的社会主义事业的建设者和接班人。

马加爵事件、付成励弒师案等震惊全国的悲剧都折射出大学生的心理问题突出,小班教学有利于帮助大学生矫正心理问题。小班教学,教师有更多机会和学生谈心,发现学生的心理问题,有针对性地帮助大学生处理好学习成才、交友择业、健康生活等方面的具体问题,根据每个大学生的身心发展特点和教育规律,确定相应的心理教育内容和教育方法,一对一开展大学生心理健康教育和心理咨询辅导,注重培养大学生良好的心理品质和自尊、自爱、自律、自强的优良品格,增强大学生克服困难、经受考验、承受挫折的能力,积极引导大学生身心健康成长。

(三)小班化教学是以育人为本实施品德教育的必然要求

毒奶粉、瘦肉精、楼歪歪、无人搀扶跌倒的老人,社会道德滑坡严重,加强大学生道德教育对重塑社会道德有举足轻重的作用。小班教学是提高大学生道德水平的有效教学形式和途径。大班教学,人多,师生之间、学生之间关爱少,彼此间感情冷漠,真诚、互助、友爱等优良品德难以形成。小班教学,加强课堂管理和纪律约束,引导学生遵守课堂纪律,从课堂做起,从身边的事情做起,从具体的事情做起,着力培养良好的道德品质和文明行为。小班教学,有利于及时发现并化解矛盾,密切师生关系、生生关系,同学之间亲密无间,师生之间情感融洽,优良的品德得到褒扬、卑劣的人品被摒弃,真、善、美、真诚、互助、友爱等优良品德得以深入人心。

大学生的品德是需要教师引导和示范的,人品高尚的老师本身就是学生的榜样,大班教学会淡化教师的道德榜样作用。小班教学,教师有更多机会与学生沟通心灵,经常交流感情并关爱学生,言传身教,以良好的思想、品德和人格给大学生以潜移默化的影响。小班教学,教师为学生解决生活和学习中的问题,坚持解决思想道德问题与解决实际问题相结合,既讲道理又办实事,既以德以理服人又以情感人,增强道德教育的实际效果。小班化教学,教师更能把握道德教育的教学内容和形式,以基本道德规范为基础,深入进行公民道德教育。

(四)小班化教学便于教学改革,有效开展专业知识和技能教育

小班教学使教师便于实施互动式教学方法,提高学生学习效率,更有利于思辨能力、沟通能力、创新能力、专业技能的培养。小班教学,教师教授新内容,采取新的教学方法,推行教学改革,更易被学生接受,并及时得到学生反馈,及时纠偏行正,取得教改成功。小班教学,班小人少,学习和实践的机会多,教师的引导效率高,学生在自主学习和实践中,能自律自强,独立思考,团结合作,创新创造。

小班化教学,每个学生都能平等地受到教师的高度关注,这种无差别化的关注本身就能培养学生的公平心态。小班教学便于学生之间、师生之间的动态交流、尝试体验、参与互动、激发兴趣,能大大促使学生拓宽知识面,加深学生对知识的理解深度。小班化教学可以使老师深入了解每个学生的专业知识结构和不足之处,针对每个学生的专业知识结构,对不同禀赋不同个性不同进阶的学生进行个性化辅导,激发学生的自主学习积极性,实现个性化教学,涵养其钻研精神,

夯实其专业知识基础,丰富其基础理论,提高专业技能,锻炼其创新能力,培养高精尖的杰出专业人才。

二、转变教育观念,推行小班教学

(一)淡化教育产业化观念,大众化招生,小班化教学,细节化培养

教育产业化推动了大众化招生,大众化招生让普通民众有机会接受高等教育。教育产业化强调大学教育为 GDP 服务,将教育看成人才制造业而规模化生产大学生,班级大产量大,大班教学就成了大学的常态。但大班教学看似大学生接受相同教学,实际上让人才培养落入了同质化和平庸化,大学教育的问题在于忽视了人才培养过程的精细化。人才培养是软件工程,是脑袋工程,是学生思维和能力的开拓过程。学生的意志、禀赋、基础、悟性、习惯、接受能力、成长速度等本身因素和成长过程的很多细节决定了学生成长的质量,而大班教学往往无视这些细节。教育的目标是把每一个学生都培养成人才,本着培养精英的理念,推行小班教学甚或一对一教学,尊重个性,差别化教学,因材施教,注重细节,精耕细作,教学过程实现转型升级,由粗放型教学转为集约化、精细化教学,强调细节化培养、细节化发展、细节化成长。大学教学坚持大众化招生,精英化培养,才能培养合格人才和杰出人才。

(二)淡化教育行政化,防止教育同质化,实现高校自主办学,施行小班教学、特色教育,尊重个性,因材施教

我国大部分高校都是公立的,行政化色彩浓厚。同质化,缺乏特色,已经变成了大学的通病。高校逐步自主办学、独立办学、自主招生、自主培养,以社会需求设立专业和学科,推行特色教育,而非大而全、小而全。具体说,每个大学的经费、师资、管理人才都是有限的,不可能在所有的专业、学科、人才培养上保持一流,只能重点建设某一专业、某一学科,重点培养某一类人才。大学往往是因为某一专业、某一学科或某一类人才培养的一流才成为一流大学的,而不是因为所有专业和学科的一流才一流,要想所有学科、专业、人才培养都一流的大学肯定成不了一流。每个大学都有自己的特色专业、特色学科、特色教学,大学在某一专业、某一学科上要深入挖掘、精心耕作,在某一专业、某一学科及教育上的最全面、最深入、最细致才会树立一个大学的权威,全、细而深的特色专业、特色学科

才会吸引特质师生。在人才培养上,发挥教师特技,以小班化进行特色教学,激发学生特质,尤其是要激发学生创新创造的潜质,培养学生的创新创造能力,培养学生特长。小班化、特异化甚至个别单独培养才会有高精尖人才。

(三)淡化科研功利化,改变重科研轻教学的倾向,树立教学的中心地位,推行小班教学

一些大学只重科研,不重教学。科研可以为学校和教师带来经费和收入,教师忙着发论文,出专著,报课题,做项目,跑调研,在教学上投入的心思、精力、时间都很少。大班教学可以让学校腾出更多的经费投入科研,因为升职称、升职级、升大学、升重点学科、升重点专业、升硕士点博士点都主要看科研,在很多对大学升格和教师升职的表格中根本就不列教学的任何项目,重科研轻教学,结果是学校不愿意开小班,教师不愿意上课,大班教学就是必然的选择了。

许多科研论文和专著与社会实践脱节,除了能结题外,对社会实践的理论指导作用十分有限,而且和教学实践几乎没有关联,对教学的帮助不大。另外重科研,重的是项目的多少和经费的多少,重的是文章发表刊物的级别高低,要求短平快和数量,不管研究成果的转化和实际质量,高质量科研成果就少。过度地重科研,不科学地重科研,反而逼得教师去抄袭,成就了学术腐败,导致科研道德、科研声誉和科研质量下降,科研质量下降又导致教学质量下降,导致后来的研究人才质量下降。因此,淡化科研功利化,树立教学中心地位,兼顾科研,多鼓励教学项目科研,才能实行小班化教学,小班化教学才能有效提高教学质量,才能精心培养出优秀的人才。

论后慕课时代背景下法学专业课程的教学平台建设

孟 涛[①]

摘 要 慕课时代发展到一定阶段,教学平台建设遇到了新问题。法学专业应当据此改革方案,对专业平台教学模式展开研究。翻转课堂现在业已成为较为普遍的教学改革手段。随着翻转课堂的推进,缺乏个性化教学是非常显著的一个问题。UDL(通用学习设计)为翻转课堂的进一步完善提供视角,通达学习理论,可以最大限度实现个性化教学,满足不同学习者多元化学习需求。

关键词 后慕课时代;法学专业教学;平台建设

一、法学专业课程教学平台建设背景

(一)当前法学专业课程教学平台现状

随着计算机技术和互联网的发展,以慕课为代表的新型授课模式逐渐得到各层面教学环节的重视。包括现代高校教学实践者,不同专业的教师也逐渐接受了以互联网为载体,通过打造教学平台的模式开展实际的课程教学。尽管我国目前并没有出现较为独立的以法学专业为对象的在线教学平台,但是通过分析和比较各大在线教学平台网站,法学专业课程的慕课化早已经付诸实施。2018 年教育部推出了首批国家精品在线开放课程,以北京大学、清华大学、武汉大学等高水平大学为主建设的 344 门课程成功入选,占课程总数的七成。在线开放课程,又名"慕课(MOOC)",与传统课程只有几十个或几百个学生不同,一门慕课课程动辄上万人,最多达 16 万人。凡是想学习的学生,都可以在网上进行学习,不受时空限制。目前,我国慕课数量已经位居全球首位,多所高水平大

---

① 孟涛,法学博士,浙江财经大学法学院讲师。

学陆续在国际著名课程平台开课。在中国,慕课被定位为大学内的教育手段,学习者以在校生居多。以中国大学 MOOC 平台为例,学员中身份为学生的比例为62%,其中又以本科生居多,占81%。

中国大学 MOOC 网站是较具有规模的国家级精品课程教学网站。MOOC是 Massive Open Online Course(大规模在线开放课程)的缩写,是一种任何人都能免费注册使用的在线教育模式。MOOC 有一套类似于线下课程的作业评估体系和考核方式。每门课程定期开课,整个学习过程包括多个环节:观看视频、参与讨论、提交作业,穿插课程的提问和终极考试。课程由各校教务处统一管理运作,高校创建课程,指定负责课程的老师,老师制作发布课程,所有老师都必须在高教社爱课程网实名认证过。老师新制作一门 MOOC 课程需要涉及课程选题、知识点设计、课程拍摄、录制剪辑等 9 个环节,课程发布后老师会参与论坛答疑解惑、批改作业等在线辅导,直到课程结束颁发证书。

类似于中国大学 MOOC 平台的课程建设平台还有很多,例如浙江省精品在线开放共享平台,汇集了浙江省内高校教师制作的网络教学课程,通过平台统一规划的布局和样式,教学组织者具体安排每一个课程的具体教学资源,上传到指定的网站(服务器)后,可以实现某个具体在线课程的资源共享,不同高校的学生通过本校教务处的身份许可,可以实现共享课程的共享教学环节。

除了各个典型的在线课程平台,各个高校也在组织自己本校的在线平台课程建设,例如基于某个在线课程软件(例如 blackboard 平台软件),学校内部教师可以以本校校园网为载体进行在线课程建设,课程资源只限于本校内教师和学生使用,校外的学生和教师无法进行教学资源共享。但实际上从课程内容建设的角度,校内的在线课程平台和校外省级或者国家级的在线共享平台课程建设并没有本质的区别,因为两者都是以教学资源通过教师进行设计和上传后,实现一定范围的学习者和教学者使用该教学资源内容,区别仅仅在于受众的层面是校内还是校外。

(二)当前法学专业课程教学平台建设的突出问题

1.在线课程建设形式单一化

无论哪一个层面的在线教学平台,都有一个共同特点,就是平台的设计者和维护者并不是具体授课环节的教学组织者。用一个比较恰当的比喻,可以说当今在线教学平台仅仅就像一个菜市场,精心装修、精心布局或者精心设计里面的结构,但实际上卖菜的商户究竟卖哪些品种,品质如何,口感如何,新鲜与否? 这些问题显然与市场管理者并无多大关系。同理,流行的各大教学平台,也仅仅是一个市场,每个具体课程的设计和资源,全部是具体高校的具体教学组织者来负责。这种建设模式带来的一个问题就是千篇一律。尽管每个教学组织者的教学内容会有很大不同,例如教学重点的把握、教学难点的梳理、教学训练题目的设计、学习成绩组合的设计等,但是如果考虑到平台需要统一规划所有课程的基本布局,我们就会意识到,无论清华大学的民法学、北京大学的民法学,还是一个普通地方三本院校设计的民法学,都要符合这个"市场"的基本构造格局。例如每个平台的构造,基本上都要涉及授课视频、授课大纲、授课计划、授课大纲、教学目标以及试题和考试几个不同部分。不同课程之间的区别主要在于授课教师、教学视频拍摄等具体课程资源的填充。简言之,平台是统一的整齐划一的结构,体现课程个性的仅仅在于不同教学者教学资源的自我设计和上传。这样的模式带来一个后果,就是在学习者角度,真正提供教学的仍然是具体的课程负责人及其团队,学习效果以及教学目标的达成等问题,与教学平台的设计并无多大联系。

第二个直接后果就是,具体课程的教学设计者在某个在线平台上并没有多大的自主权。除了教学资源完全是自己设计和上传之外,教师无法改变平台已经设定好的任何布局。具体而言,如果教师打算在民事诉讼法学的教学环节中进行相关法律文书的书写,平台由于并没有事先设计相关功能,这个教学目标便很难达成。再如,某个民法学教师需要通过跟踪某个学习者在学习视频、完成作业及在线测验等方面的综合表现,输出具体学生的报表并在此基础上进行进一步个性化教学,此类教学手段也难以在统一的教学平台上实现。究其原因,主要是作为共享的在线教学平台,要顾及所有专业课程的共性,而不能突出或强调某个专业或者某个课程的个性问题,否则该在线平台便产生了使用局限性。

2. 在线教学评测体系不完备

目前的在线教学平台,存在一个较为普遍的难题,就是无法真正了解学习者通过在线平台的学习过程。例如,学习者是否有认真观看视频教学? 学习者是否在没有监督之下通过"作弊"的形式完成在线试题或者测验? 学习者因为学习能力差异有无得到个性化的教学辅助? 这些问题显然在一个整齐划一的教学平台上是难以回答的。究其原因,大多数的在线学习平台都是以面对相同学习水平的学习者为假想前提,并没有对学习能力差或者学习能力超强的学生提供相应的个性化对策。这方面的一个重要体现,就是在线平台只能够通过点击数据、检索资源以及参与互动对学习者利用在线平台进行数据采集。例如某个学习者观看了多长时间的教学视频,做了多少提前发布的测试作业,参与了多少论坛话题,以及上传过多少学习笔记,等等。至于平台在采集这些数据之后,到底要做出怎样的分析,并在此基础上提供什么样的学习指导,则显得非常力不从心。

3. 在线平台数据堆积效应无法带来个性化教学

前已述及,当前流行的在线教学平台并不是针对某一门课打造,而是要尽可能包容所有专业、所有学科和课程。已有教育理论学者发现,学习者尽管有一定智力差距、领会能力和理解能力的差异,但如果有充足的时间和条件,基本上都可以达到近似的学习目标。但我国目前通常的教育机制是将不同的学生同等对待:学习速度快慢有别的学生面对着相同的学习内容和教学要求,这既不能够满足一部分学生拓展知识的"快的需要",也无法顾及学习能力差的学生"慢的困境"。事实上在传统教学方法之下,一名教师很难做到个体性差异教学,个人精力、教学时间、教学辅导条件等都有巨大的制约。幸运的是,翻转课堂教学手段的出现将使上述问题迎刃而解。基于当代 IT 科技发展的最新成果——云计算、物联网、大数据和移动互联对教育的强力支持,翻转课堂可以轻松地让精熟学习倡导的个性化学习成为可能。但通过一成不变的在线课程平台实现个性化教学仍然是一种奢望,其需要进一步进行相应的调整和完善,其方向应当是根据学科特点和专业特点来设计和完善在线课程平台的结构、内容以及教学方法。

正是基于上述原因,慕课时代到来之后,我国高等教育并没有受到太大的冲击。除了一部分教学者缺乏利用在线教学的热情之外,慕课教育本身存在的桎梏也是个重要原因。《中国 MOOCs 建设与发展白皮书》调查显示,慕课也并没有像之前人们预想的那样,给高等教育带来巨大的冲击。一方面,是因为只有约20％的课程占到了师生网上交流互动数量的 90％,这也就是说,有八成的课程基本不存在师生间的互动;另一方面,则是因为慕课本身是开放性课程,需学生自主学习,听课人员必须要有主动学习的热情,在线开放课程的真实作用才能发挥。

二、后慕课时代背景下法学专业课程教学平台建设的意义

已经有很多人在思考慕课教育本身的天然弊端,以及在此基础上如何完善

在线教育平台。后慕课时代已经悄然来临。那么,从法学专业的角度,如何解决当前在线教学统一规划的表象所隐藏的教学单一化问题?一个非常有建设性的解决思路,就是针对专业课程的特点,有目的有计划有步骤地进行个性化课程教学平台的设计和运行。

(一)教学平台学习资源多元化和多样化

后慕课时代仍然要吸收慕课教育手段所带来的便捷性和优势。在线教学手段最大的优势,就在于任何人都可以通过互联网享受到任何学校任何教师所设计的在线课程,并根据自己的时间安排和进度进行自学。因此几乎所有的在线课程都已经设计了一整套丰富多样化的教学资源,这一点即使在后慕课时代也是如此。不过需要认真研究的问题是,这种多样化和多元化的教学资源究竟应该是什么样的。

全纳教育主张人人都有平等的受教育权,即不仅要有平等的入学机会,而且要能做到平等地对待每一个学生,满足他们的不同需求,因此其强调的是教育应要关注每一个学生的发展,不要只关注一部分学生,而歧视或排斥另一部分学生。打造法学专业特色教学平台,在学习资源方面注重提供可广泛选择的学习资料,而不仅仅限于视频进行课前学习。学习者在知识水平、自学能力和学习投入方面参差不齐是个客观现实,那么通达翻转课堂就要首先意识到如何在为学习者提供学习素材时,最大限度确保课前学习的包容性。有的学生习惯于阅读书籍笔记来学习,而有些学生则更善于通过自己指引自己寻找学习对象,也有些学生已经习惯于通过动态视频来进行知识积累。因此教学者需要从单一的制作视频框架中脱离出来,充分给不同的学习者在资料收集、问题总结、资源查找、视频链接等方面提供选择,让每个学生都能寻找到最适合自己学习的"通用学习设计"。因此,尽可能通过形式各异但又容易取舍的学习资源来满足学习者的需求,是一个非常重要的问题。

(二)专业课程教学平台的个性化打造有利于提高学习实效

不同于传统的在线教学平台,法源系列课程教学平台汇集了专业教师丰富的实际教学经验,非常注重对学生个体,而不是学习者的整体学习效果的跟踪和反馈。实际上,如果承认每个学习者都是在非常特定的学习基础上来掌握新知识,每个学科的教学平台都应当将目光投放到具体的单一学习者身上,因此,针对某个特定的学习者,教学平台能否实现其新知识的构建,势必成为该教学平台要特别注意的问题。真正意义上的学习实效，一定是要结合到某一个具体的学习者身上，当无数个学习者被重视的时候，那么就可以说这个教学平台可以实现通过个性化教学提高学习者的整体学习效果的目标。个性化打造学习平台，不仅仅要结合特定学科的特点，还要注重学习者通过怎样的方式才能认识到自身的问题，以及相应的解决方式。例如民法学和刑法学的学习方式、实体法和诉讼法的教学方法，都应当不同，因此在法源系列教学平台中，这种个性化打造是非常明显的。

(三)在线课程教学平台丰富的训练模块是在线学习的重要保障

1.法学专业为何需要广泛而深入的实训？

学习者在接受单向的信息传递过程中，并不容易发现自身学习上的薄弱环节及问题所在，因此无论哪一学科的在线学习，都需要辅助一定量的联系或者评测系统来实现学习效果的反馈。

2.在线教学平台如何实现课程知识的训练

在教学者眼中，在线测试系统的开发和设计是其客观分析学习者学习能力、学习效率和学习负担等方面的依据；从学习者的角度，对于人人都可以参与的测试系统，学习者能否缩短或延长学习时间，从而最终达到优良学习的效果？如果测试结果不佳，教师可以采取进一步的教学手段来弥补学习者的短板，学习者可能要花费更多的时间来消化和理解一些没有掌握的知识点。这样来看，一个教学者和学习者都能受益的"通达评测系统"至关重要。

三、法学专业在线教学平台授课模式设计

(一)教师角色

根据建构主义学习理论，教师不只是知识的呈现者，他应该重视学生自己对各种现象的理解，倾听他们的看法，洞察他们这些想法的由来，以此为根据，引导学生丰富或调整自己的理解。法学专业课程，无论理论法学还是应用法学，无论是抽象理论知识还是实践技能的学习，其实都离不开学习者自我知识体系的建构过程。即使在多媒体手段丰富了课堂教学的今天，教师也必须扮演一个适当的引导者、组织者和启发者的角色，而不应当单一呈现为信息提供者的身份。

(二)学生角色

在线教学模式改变了课堂的课件演示中心教学模式,充分发挥多媒体技术信息的作用,建立起一种基于网络教室加模拟平台的"课前基础预习—课堂问题处理—课后知识总结"的三维立体教学模式。

首先,创造学习氛围,通过多种方式调动学生学习热情,让每个学习者真正投入知识学习的参与过程。其次,从以课件演示讲解为中心,转变为以学生知识构建为中心,学习内容和对象,尽量由学习者自行发现和发掘,教师适当进行方向指引、范围界定和确定学习目标与思路,即发挥出教师的"知识向导"作用。再次,强化法学专业学生多方面素质提升和培养。在立体化教学过程中,强调学生参与的广度和深度,锻炼学生文字表达、口头表达、逻辑分析等方面的能力,通过角色扮演、相互协调配合解决问题等方式,提升法学专业学生解决实际问题的能力。由此,专业课程教学平台的教学目标拟实现以下几点。

(1)使学生养成充分预习知识的习惯,提高自学能力。改变希望通过期末复习提高成绩的传统思路,将学习精力真正放在平时,每一章结束都会面临考核,避免唯期末成绩论。

(2)有效提高学生动手能力,提升学生解决实际问题的能力。通过法学模拟平台,实现模拟程序和解决案例的目标。

(3)有利于学生对知识的立体构建。通过课前预习、课堂解决实际问题以及教师在此基础上点拨知识重点,学生可快速地领会知识体系内容,完成自我的知识构建。

(三)师生互动

新型专业课程的教学平台,实现了传统教学手段无法触及的便利互动模式。

首先,教师从课堂讲授者,向教学引导者转变,学生从课堂学习单向接受,向主动学习者转变的教学改革设想。充分发挥多媒体技术信息的作用,建立一种基于网络教室加模拟平台的"课前基础预习——课堂问题处理——课后知识总结"的三维立体教学模式。减少课堂知识传输,强化学生课前学习环节。

其次,一方面,每章节中涉及重要基础知识的概念、特点、特征、意义这四类问题,完全交给学生课前预习。另一方面,在充分熟悉基础知识的前提下,课堂上直接进入案例的分析和解决过程。课堂上不再向学生解释基础性的概念问题,极大地提高了课堂教学的实效性。在课堂上,建立"先解决问题、后总结知识"的教学顺序,学习教材作为自学参考,课堂不再进行传统讲授。

再次,有利于实施翻转课堂计划,先学而后教。在具体教学过程中,学生必须按照要求自学新的学习内容,并做好笔记(提供网站课程资源),课堂上不再对基础知识点进行讲授。教学课堂通过问题形式考查学生对新知识的自学情况,教师组织对疑难点和重点进行有针对性的训练,提高学生对知识的吸收和理解。

最后,课程改革了成绩评价方法,强化平时分和学习过程跟踪得分的比例,弱化期末考试权重。

(四)基于 UDL 的通达翻转课堂教学平台

1. UDL 教学理念

UDL 全称为 Universal Design For Learning,目前在我国教育理论中一般被称为"通用学习设计"。它最早起源于建筑学中的通用设计(Universal Design,UD)思想,表达了一种"尽可能包容"的设计哲学,很快在其他学科领域得到重视和应用。自 18 世纪 80 年代,教育研究者开始将其移植到教育领域中,目的是克服传统"一刀切"课程之下学生遇到的困境。UDL 作为一种学习设计理论框架,其最初的形态是为了解决教育领域中那些特殊需要,尤其是残疾学生能够像普通学生一样获得知识、技能和学习的热情。这样来看,UDL 的出现显然是为了实现一种满足学习者多样化需求的教学思维,克服传统的一刀切式教学的僵化和不足。

作为翻转课堂教学的先驱者,美国的伯格曼也完全承认:并非所有的学生通过视频学习都能得到最好的学习效果,显然,一种教学工具是不够的。学生自主学习尽管可以通过精心编制的视频得到学习素材,但是这没有解决学生在个体学习能力方面的差异带来的学习效果的参差不齐问题。因此如何通过翻转课堂形式,将 UDL 与通达学习理论重获新生,成为一个崭新的课题。"通达翻转课堂教学方法"是在翻转课堂教学模式下进行的进一步探索,充分利用互联网技术手段,通过借助在线训练系统、改变教学管理模式,最大限度实现每一个学生都能达到优秀(而不是仅仅着眼于合格)的教学目标。

为了实现通达教学目标,民事诉讼法学教学软件建立了视频学习、案例学习、实验教学和智能教学四大学习模块,练习与考试、成绩与考核和知识库三大教学辅助模块构成。前者模块注重平台学习资源和学习方法的多元性;后者模块是辅助教学者掌控教学进程、监督教学效果和分析教学数据的得力助手。

2.通达翻转教学手段

在通达翻转课堂里,教学者努力使每一个学习者都能够按照不同的进度达到相近似的学习目标。相对于传统教学手段,教学者的负担无疑大大加重了。但是随着互联网技术的不断发展,视频、在线测试和即时通信技术的发达,大大缓解了这一难题。教学者可以随时根据学习者的学习情况调整学习指引和布置学习任务。针对学习进度较快的学生,教师可以提高测试的难度,能够让学习者更加深入知识的复杂部分;对于学习进度较慢的学生,教师则需要通过适时的在线辅导和测试来帮助其建构知识体系。能够让每一个学习者都能感受到教师时刻在注意着自己,这可能是通达翻转课堂的最大魅力所在。教师除了要有对每一个学生负责的责任感之外,还必须非常娴熟地利用互联网技术带来的新教学工具。例如通过微信平台、论坛讨论、网络视频交流技术,以及视听传输技术等,教师可以全方位地在教室之外与学习者保持畅通无阻的联系,更好地将如何学习以及学习什么等问题的解答传递给学生。

3.通达翻转课堂教学手段的实施条件

(1)有效监督之下的学习数据积累。

翻转课堂自身无法解决的困境是学习者的课前学习,如何学习、学习如何甚至是否学习这些问题,都不在教学者监督之下。这就容易引发一个巨大的风险:教学者无法准确追踪学习者的学习情况,从而无法精准定位每个学习者所需要的教学手段。当教学者无法确定教学对象的实际学习状况时,通达翻转课堂的手段将失去目标。有很多翻转课堂设计者,在视频网站中嵌入了大量的习题用做练习和测试,但这些习题的完成并不在教师掌控之下,因此很难保证习题分数代表了学生真实水平。因此,教学者需要通过特定的课堂检测系统,通过学习者现场来完成测试的方法对学习情况进行评估。这种学习检测系统至少应当具有三个方面的功能:对知识点的全面性检验、对学生测试结果的具体分析,以及教师对不同分值的学生实施不同的教学辅导。当教师能够游刃有余地利用好这些数据,通达翻转课堂便具有了成功实施的数据保障。

(2)"班级授课制"向"道尔顿式"教学的转变。

自从1632年捷克教育家夸美纽斯出版《大教学论》,班级授课制逐渐成为世界各国广泛采取的主要教学形式,为大面积培养人才提供了可能。但由于班级授课过于强调教学过程的整齐划一、缺乏个性化教育而广受批评。由于翻转课堂手段的应用,学习过程中的信息传递不必发生于教室里,集中授课的内容更加注重个性化教学,作为共性的问题在课前或课后通过通用学习设计已经圆满地完成了,因此班级授课制显然不再成为必要。那么,教学的课堂空间,就要留给如何实施个性化教学这个问题。美国帕克赫斯特于1920年在马萨诸塞州道尔顿中学所创行的道尔顿制教学法非常适合通达翻转课堂的实践。在道尔顿制教学中,学生在教师指导下,根据拟定的学习计划,各自主动地在实验室内以不同的教材、不同的速度和时间进行学习,用以适应自身的能力、兴趣和需要,从而发展个性。通达翻转课堂尽管不必完全取消班级授课制,但是有必要结合道尔顿制教学法促进个性化教学的思维,建立起班级授课和个别辅导相结合的授课形式,时间分配方面应当缩短班级授课时间,增加个别辅导和谈话的时间比重。

(3)对学习时间的变量化教学管理。

在现有的传统教学管理模式下,每一门课被限制在一个指定的时间内(一般为一个学期)完成,这即所谓学习时间作为常量管理的教学模式。在通达翻转课堂模式下,学习者的学习时间是个具有弹性的变量——学习较快的学习者可以缩短、学习较慢的学习者可以延长相应的课程完成时间。例如一门课在传统教学管理模式下,为4个月左右时间完成。在通达翻转课堂模式下,有的学生可以在1个月内达到理想的学习效果提前结课;而有的学生因为领悟力或者学习效率等原因,可能要花费6—9个月(即一个学年)的时间达到较为理想的学习效果。因此,在学校教学管理中,应当有意识地给予教师和学生较为灵活的掌控时间,而不是一刀切地一定要在固定的学习时间内完成所有的学习任务。

论文学素材在"中法史"教学中的应用①

田东奎②

摘 要 中国法制史教学存在着学生学习主动性不强、学习效果不太令人满意的情形。产生这些问题的原因是"中法史"教材内容枯燥、古代法律术语晦涩难懂、古今时空悬隔等。解决这些问题的方法很多,其中之一是借助文学情景还原历史场域,运用文学描述丰富法史细节,透过文学描写折射古人法律意识。文学素材的运用不仅可以提高学生学习"中法史"的积极性,还可以丰富"中法史"的教学内容,改善"中法史"教学方法,提高"中法史"教学效率。当然,作为"中法史"材料的补充,文学素材的运用是有风险的,我们在运用时必须慎之又慎。否则,可能会得出错误的结论,影响教学效果。

关键词 文学素材;"中法史";法律意识

"中国法制史"是法学专业的十六门核心课程之一,是法学的基础理论课程,是学生学习法学其他课程的基础和进阶,也是法律资格考试的内容。问题是,中国法制史(以下简称"中法史")虽然重要,但是从学生学习的主动性、学习效果来看,还不能十分令人满意。产生这些问题的原因是学习内容的枯燥、古代法律术语的晦涩、时空的隔阂等。要解决这些问题就有必要在教学方法方面进行创新。我校法学院法律史教师总结多年的教学经验,摸索出了"现代解读法"等行之有效的教学方法。③ 本文重点探讨文学素材在"中法史"教学中的运用及存在的问题。

---

① 本文发表于《财经论丛》2014年增刊。
② 田东奎,法学博士,浙江财经大学法学院教授,硕士生导师。
③ 蒋铁初:《现代解读教学法在法制史教学中的运用》,载《2010年浙财大法学院教学改革大会暨教育教学改革研讨会论文集》,第82页。

一、借助文学情景,还原历史场域

学习中法史有一个比较困难的问题,就是如何重建法律文化背景以及如何理解古人行为的心态。解决这一问题的基本方法就是重构时空地场域,想象自己在相同时空环境、文化背景下的法律行为以及相应的心理活动。文学和法律都是对时代的反映,都会关注一些共同的话题,比如复仇、犯罪等。虽然,我们在讲授中法史时面对的是比较抽象、具体的法律规则,但是,这绝不是当时的法律的全部。因为即便是从纯粹法律的角度而言,它也没有将鲜活的法律实践呈现出来。

对于所有的法律史学者而言,都承担着通过研究还原历史的任务。问题在于正如刑事司法的现场重建需要借助证据,法律史讲授者也需要借助一定的材料才能让学生有身临其境的感受。当然,法律法规、司法判决、诉状、案牍、当事人的记载等都可构成重建法律史现场的材料。甚至,教材里有关司法制度、立法指导思想等也可构成法史现场的素材。但是,上述材料的最大不足是缺乏生动性,缺乏细节。而文学在这一方面却有着法学所不具备的天然优势,即形象性和具象性,甚至还有心理的刻画。例如《诗经》——《卫风·氓》就通过一个女主人公的身世形象地描绘了春秋时期婚姻缔结的“六礼”程序、妇女的家庭生活、妇女在家庭的地位、离婚等,以及离婚后妇女的悲惨生活。其间还夹杂着女主人公在婚姻缔结、结婚、被虐待、被遗弃等过程中的心理描写。“氓之蚩蚩,抱布贸丝。匪来贸丝,来即我谋”[1],即男子并不单纯是来买丝的,而是借机与女主人公相会。在被遗弃后,诗里写道:“三岁为妇,靡室劳矣。夙兴夜寐,靡有朝矣。言既遂矣,至于暴矣。兄弟不知,咥其笑矣。静言思之,躬自悼矣。”[2]其中,关于婚姻缔结程序的描写使我们认识到这一时期男女关系相对自由,可以互相接触、相互了解。另外,通过该诗我们也了解到尽管主人公是通过自由接触相互认识的,但是其婚姻的缔结仍然严格遵遁了“六礼”程序,即“纳采”“问名”“纳吉”“纳征”“请期”“亲迎”等。

这些描写不仅有助于学生对照教材了解春秋时期我国的婚姻制度,而且能够很好地了解这些制度的具体运行过程,既增加了教学的生动性、趣味性,又扩

---

[1] 程俊英、蒋见元注译:《诗经》,岳麓书社 2000 年版,第 53 页。
[2] 同[1],第 53—54 页。

大了授课的广度,加深了授课的深度。

二、运用文学描述,丰富法史细节

中国人对法律的态度,可以概括为敬而远之。千百年来,无论统治者还是大家族的族长都不断地告诫其臣民和家族成员远离诉讼。孔子曾说:"听讼吾尤人也,必也使无讼乎?"①法律是这样,那么,研究法律的学问——法律之学也是如此。另外,法律条文的卷牒浩繁,法律知识的艰深更加强化了人们的这一观感。

中法史内容包含大量的概念、术语、引文,生涩难懂。对法学专业的学生而言,需要具备一定的史学知识和古代汉语知识。举例来说,下述短文,是周公告诫康叔时说的一段名言,其中有许多法律术语,特别难懂:"敬明乃罚。人有小罪,非眚,乃惟终,自作不典,式尔,有厥罪小,乃不可不杀。乃有大罪,非终,乃惟眚灾,适尔,既道极厥辜,时乃不可杀。"②这儿"眚"意为过失;"非眚"意为故意;"惟终"意为惯犯;"非终"意为偶犯。再例如诉讼中的"公室告"和"非公室告"等。

另外,作为一门专业的知识体系,中法史在长期的传承过程中,形成了一整套专业的概念、术语、体系。这些概念、术语甚至还很艰涩难懂,即使对古人来说也不是很容易理解的。因为,中国古代法律的许多概念、术语大多采用假借、会意等方式赋予普通汉字以法律含义,不是专门的法律专家是很难搞清其确切含义的。③ 但是如果我们借助文学素材,就容易理解了。例如,宋代的刑罚"脊杖",一般认为它是一种适用范围很广的附加刑,流刑、徒刑、杖刑、笞刑都可附加使用,体现了宋代刑罚趋重的特点。流刑附加脊杖的规定是:

加役流,脊杖二十,配役三年;流三千里,脊杖二十;二千五百里,脊杖十八;二千里,脊杖十七,并配役一年。凡徒刑五:徒三年,脊杖二十;二年半,脊杖十八;二年,脊杖十七;一年半,脊杖十五;一年,脊杖十三。凡杖刑五:杖一百,臀杖二十;九十,臀杖十八;八十,臀杖十七;七十,臀杖十五;六十,臀杖十三。凡笞刑五:笞五十,臀杖十下;四十、三十,臀杖八下;二十、十,臀杖七下。④

这样的解释应该说很具体、很形象了,但是,我们仍然无法确切地理解它和杖刑有何区别。如果我们参照《水浒传》第八回林冲受刑的描述就很容易理解

① 杨伯峻、杨逢彬注译:《论语》,岳麓书社 2000 年版,第 112 页。
② 孔颖达等:《尚书正义》卷十四,中华书局 1980 年影印本,第 203 页。
③ 田东奎:《关于"中国法制史"教学的几个问题》,《榆林学院学报》2005 年第 2 期。
④ 〔宋〕窦仪等著,薛梅卿点校:《宋刑统》,中华书局 1999 年版,第 3—4 页。

了。脊杖作为在犯人脊背上施加的杖刑,因打击人的脊背,而且要打出血,所以极容易将人打残。而臀杖因只打击人的臀部,一般不会致人重伤,可见,脊杖要比臀杖重得多。当然,宋代脊杖最高刑是二十,而不是小说中的动辄四十下。

再例如,关于法场的叙述,法史教材介绍不多,学生较难理解,但是,如果借助《水浒传》第四十回、第六十二回的描写,就很直观了。

宋江、戴宗在江州被勘定为通同梁山泊谋逆造反的恶犯,蔡九知府宣布公开处决,法场设在闹市区十字路口。江州的监牢里,节级、牢子在准备给宋江、戴宗行刑前,给他俩用胶水刷头发绾成个鹅梨角的发式,各插上一朵红绫子纸花,又让他俩在青面圣者神案前吃长休饭,喝永别酒,背后插上犯由牌后,才押到法场受刑。刑场上,刽子手高喊"恶杀都来",将宋江和戴宗前推后拥,押到市曹十字路口,团团枪棒围住。宋江面南背北,戴宗面北背南,背对背坐着,只等午时三刻监斩官来开刀。时辰到了,监斩官说"斩讫报来"。

有关卢俊义被执行死刑的描写比较简单,但是却刚好可以弥补四十回描写的不足,特别是死刑执行的细节。两个场景结合起来,正如构成了一个完整的中国古代法场执行死刑的情景。

刽子手蔡福拿着刀,看守蔡庆扶着卢俊义项上枷板,告诉卢俊义:"哥们帮不了你,我们在五圣堂里给你安排了座位,你的灵魂到那报到吧。"这时有人宣布午时三刻到了,蔡庆给卢俊义开了枷,握住他的头发卷,蔡福举起刀,当案孔目高升读罢犯由牌……

需要说明的是,《水浒传》所反映的历史事实到底是宋代的呢,还是作者所处的时代明朝呢?这个我们要具体问题具体分析。对于脊杖的描写显然是宋代的,因为明代没有脊杖这一刑罚。而对于法场、死刑的描写既有宋代的痕迹,也有明代的印记。事实上,对整个封建社会而言,法场、死刑的执行变化并不大。

三、透过文学描写,折射法律意识

在法史研究、教学中,我们既要关注古代各个时期的立法活动、立法成果,诸如立法体制、立法活动、立法根据、立法技术等,也要关注中国各个历史时期的司法状况。在此基础上,对这一时期具体法律制度相对应的法律意识进行探索。如果说,对前者的探索可借助某一时期法律、法规、判例、正史记载、法官笔记、家法族规等资料的话,那么,对法律价值观、法律意识的研究上述资料就无能为力了。随着法学理论的发展,一些学者借助文学的描述,通过主人公的心理活动为我们探究古代法律意识打开了一扇窗口。

首先，法官"以人为本"的执法意识。中国古代的法官基本上都是通过科举考试选拔的儒学精英，在他们的意识中，儒家"纲常礼教""和谐""无讼"等理念浸润着他们心灵的每一个细胞，成为其处理民刑事案件的最高准则。这些理念和朴素的公平观念结合在一起，就构成了中国古代法官执法的重要依据，即"天理"。因此，许多法官在处理案件时，既要考虑法律的规定，还要考虑具体的案情。甚至，在某些情况下，不惜曲解法律，以达到天理的伸张。例如，明代著名清官海瑞在处理富人与穷人的争讼时，其原则是与其抑小民，不如损富人。虽然这不符合法律的公平原则，但是在当时贫富悬殊，老百姓告状无门的情况下，有其积极意义。与此类似的原则还有父子兄弟夫妇相争，宁曲儿子、妻子、弟弟，不能损害父亲、丈夫、兄长的利益。这些都是儒家纲常在起作用，也是当时法官执法理念，或者法律意识在个案中的体现。至于，兄弟之间为了争夺家产，县官挂印而去的故事则反映了法官没有依据儒家无讼理念治理好一方百姓的内疚心情。

其次，老百姓法律意识是"无讼"，对民事案件，尽量做到非讼，对于刑事案件，最好不要涉及；至于人命案件，更是能躲就躲。因为古代对命案，一般处理原则是一命一抵。如果司法机关不能惩罚元凶，则受害人的亲属就会复仇，以实现原始的血亲复仇式的正义。在中国古代家族制度下，民刑事案件的责任单位是以家庭或者家族为基础的，这样就常常出现一人犯罪全家甚至全族株连的后果。为了防止出现这样的结果，家庭或家族的首领严格约束成员涉讼或者犯法是再自然不过的了。中国历史上经常出现因谋反被灭族的例子。汉代窦婴被灭九族，明代方孝孺甚至被灭十族。所谓九族，从己身往上数：父、祖、曾祖、高祖；再己身往下数：子、孙、曾孙、玄孙，总共九族。所谓十族，外加门下学生。方孝孺一案，连坐被杀者达873人，其他外亲发配充军者高达千余人。可见因一人犯罪而株连全族的法律规定所导致的后果，便是为了维护家族的整体利益只能禁止家族成员个人涉诉或者犯罪。同时，中国古代的诉讼程序民事、刑事区分不明显，一旦涉讼，无论原被告都可能被收监，甚至证人也会被关起来。所以，中国古代一般社会成员形成了视诉讼为祸事和不吉祥之事的意识和观念。

最后，由于受儒家思想的影响人们对复仇的信念根深蒂固，特别是当复仇的理由是父母之仇时就更加坚决了。在这种意识的支配下，人们抛弃家庭的法律责任、个人的幸福也在所不惜。当然，由于这种行为符合儒家"父母之仇，不共戴天"的观念，在实际司法实践中，一般不会株连，而且，在很多情况下，法官会根据具体情况予以从轻发落，或者有意使其逍遥法外。《初刻拍案惊奇》记载了这样一个故事，一个名叫谢小娥的女子为报父仇杀死凶手，然后投案自首。太守对谢小娥的行为既惊奇，又感动。

太守道："盗情已真，不必说了。只是你不待报官，擅行杀戮，也该一死。"小娥回答道："大仇已报，立死无恨。"太守道："法上虽是如此，但你孝行可靠，志节堪敬，不可以常律相拘。待我申请朝廷，讨个明降，免你死罪。"……太守就将备细情节奏上。内云："谢小娥立志报仇，梦寐感通，历年乃得。明系父仇，又属真盗。不惟擅杀之条，原情可免；又且矢志之事，核行可旌！"明旨批下："谢小娥节行异人，准奏免死，有司旌表其庐。"（《初刻拍案惊奇》卷十九《李公佐巧解梦中言谢小娥智擒船上盗》）

实际上，这个故事并非杜撰。其真实事迹就发生在东汉灵帝光和二年（公元179年）酒泉郡禄福县（今甘肃肃州），主人公也非谢小娥，而是赵娥。她的父亲被同县一个叫李寿的人杀死了。赵娥的三个弟弟都立志要为父亲报仇，但是由于当地灾疫流行，兄弟三人都染病含恨死去。这样，为父亲复仇的重任就落在了赵娥肩上。为此，她身藏利刃，历时十载，终于亲手杀死了李寿。随后到都亭面前，认罪服法。当时的禄福县官尹嘉对赵娥的孝心和勇敢十分钦佩，不忍心给赵娥判罪，便挂印辞官。守尉不敢公开释放赵娥，就私底下让赵娥逃走。但赵娥并没有逃走，而是入狱服刑。后来，巧逢皇恩大赦，赵娥被免罪获释回家。这样，一个人命关天的重案就戏剧性地收场了。①

上述记载属于官方正史记载，在很多方面体现了官方对于这一著名案件的立场。对赵娥的立场给予同情，虽然符合儒家经义，却又与国家法律相违背。所以，国家不可能对其进行正面的评价，其戏剧性的结局是通过朝廷大赦实现的。而在明清小说里，谢小娥的命运是由太守上奏朝廷，皇帝颁发诏书免其死罪，并予以嘉奖。也就是说，谢小娥的行为不仅没有罪，而且还受到了皇帝的嘉勉。显然，这只能是老百姓对谢小娥行为的认识，而非当时的主流法律意识。

总之，通过上述方法，通过文学素材的运用，可以极大地激发学生学习中国法制史的积极性，也能丰富中法史的教学内容，改变中法史教学中沉闷不振的风气，为提高中法史教学的效率提供可行之路。当然，文学的特点决定了其所反映的内容与真实的历史原貌之间有相当大的差距。这就要求我们在运用文学的材料时要采取慎之又慎的态度，要明白哪些可以用来补充教学内容的不足，哪些是不能用的，哪些是可以在分析的基础上运用的。在此过程中，对于所涉及的时空

---

① 　［刘宋］范晔：《后汉书》，吉林人民出版社1975年版，第1595页。

转换问题,我们要具体问题具体对待。对于时代问题,一般情况下,文学作品所涉及的法律问题是作者所处时代的法律,而非小说情节所处时代的法律。但是,在特殊情况下,作者可能会通过自己的研究将小说中的法律和其所对应的时代统一起来。至于空间问题,由于作者所处地域的不同,可能会将历史的场景转换到自己所熟悉的地区。这样的转换可能对精确的考据是重要的,在法律史研究中我们不能说这不重要,但是通过分析作者的生平,这些难题是可以解决的。作为法史材料的补充,文学素材的运用是有风险的,但是,只要我们认真探索,就会获得应有的成果。

论宪法教学中的民族观念①

唐　勇　林芳臣②

摘　要　世界各国宪法文本对民族事务的规定，以及我国当前所面临的民族问题，共同决定了宪法教学不能忽视民族观念。宪法民族观在主体上包括主权民族和自治权民族两个层次，在内容上涉及民族认同观、民族平等观和民族权利观三个维度。民族观念的确立和培养应当贯穿宪法教学的全过程，从宪法基本原则、公民基本权利、国家形式、国家机构等方面开展宪法民族观教学。

关键词　宪法民族观；宪法教学；少数民族

宪法是国家的根本大法，宪法教学在法科人才培养活动中的地位不言而喻。十八届四中全会提出了"创新法治人才培养机制"的要求，"推动中国特色社会主义法治理论进教材进课堂进头脑，培养造就熟悉和坚持中国特色社会主义法治体系的法治人才及后备力量"。③ 据此，我国的宪法教学应当树立和培养具有中国特色的宪法观念，将宪法学的一般原理与中国的实践相结合，建立起能够解释中国现象、回答中国问题的宪法认知体系。除了传统教学活动中普遍涉及的宪法人权观、宪法经济观、宪法政党观等观念，作为一个多民族国家的宪法教学并不能忽视民族观念。

一、为什么宪法教学不能忽视民族观念

"民族是人的结合，是在一个特定的地域居住、形成共同社会生活、共同法律

---

① 本文发表于《贵阳学院学报》（社会科学版）2016 年第 1 期。
② 唐勇，法学博士，浙江财经大学法学院副教授，硕士生导师，宪法与行政法系主任；林芳臣，中国政法大学宪法学与行政法学硕士研究生。
③ 《中共中央关于全面推进依法治国若干重大问题的决定》，《人民日报》2014 年 10 月 29 日，第 1 版。

制度、共同利害关系和共同心理素质的人结成的人类共同体。"①无论是否主动意识到,民族作为人类共同体生存的基本方式,是公民从事国家生活不能回避的一项身份特征;《宪法》作为规范一个国家内部人类共同体有序生活的总章程,势必要对民族问题做出安排。世界各国宪法文本对民族事务的规定,以及我国当前所面临的民族问题,共同决定了宪法教学不能忽视民族观念。

从文本上看,世界上绝大多数国家都在宪法中规定了有关民族的内容。如《俄罗斯联邦宪法》开篇就宣告:"我们,在自己土地上由共同命运联合起来的多民族的俄罗斯联邦人民……根据公认的民族平等和民族自决原则……特通过《俄罗斯联邦宪法》。"②这就将"多民族的俄罗斯联邦人民"置于制宪权主体的至高地位。《玻利维亚共和国宪法》的序言宣告,"建立一个由多民族社群组成的集体主义国家",而"玻利维亚民族由所有的玻利维亚女性和男性、少数民族和土著民族、跨文化的和非洲裔的玻利维亚人共同组成"(第三条)。2009 年 3 月 26 日,总统莫拉莱斯签署最高法令宣布将国名"玻利维亚共和国"改为"多民族玻利维亚国"。即使是单一民族国家也在宪法文本中清楚地强调民族的地位。《大韩民国宪法》在总纲中规定,"国家要致力于传统文化的继承、发展和民族文化的繁荣"(第九条),而"繁荣民族文化"与国家统一、国民自由一道成为总统誓词的组成部分(第六十九条)。《朝鲜民主主义人民共和国宪法》序言宣告:"金日成同志和金正日同志把共和国建设成为祖国统一的坚强堡垒,提出了统一祖国的根本原则和途径,将统一祖国的运动发展成为全民族运动,开辟了用全民族团结的力量完成祖国统一大业的道路。"我国《宪法》不仅在序言中确立了中国各族人民奋斗的历史事实,更通过总纲的第四条确立民族平等、民族团结、民族区域自治、民族文化传承等一系列宪法命题。 由此可见,宪法对民族事务的规范文本,决定了在宪法教学中不能忽视宪法的民族观念。

从实践上看,我国的宪法实施同样不能绕过民族事务。费孝通先生将中国民族关系的历史与现实概括为"多元一体"的格局,即中国各民族共同融入中华民族这个统一体之中,而在中华民族这个统一体内部又普遍存在民族之间的多元差异。多元一体的格局中,56 个民族是基层,中华民族是高层。③ 坚持依宪治国,建设社会主义法治国家不能忽略这个基本国情。例如,在主权问题上,宪法不能回避两岸关系问题,而中华民族成为维护一个中国框架共识的基础。"近

---

① 王建娥:《族际政治与现代民族国家》,社会科学文献出版社 2004 年版,第 2 页。
② 孙谦、韩大元主编:《欧洲十国法》,中国检察出版社 2013 年版,第 180 页。
③ 费孝通:《中华民族多元一体格局》,中国民族大学出版社 2003 年版,第 13 页。

60 多年来,两岸虽然尚未统一,但我们同属一个国家、同属一个民族从来没有改变,也不可能改变。"①在人权问题上,少数民族权利作为一项特殊主体的人权为宪法保障的内容之一。《国家人权行动计划》(2012—2015 年)将"进一步保障少数民族享有经济、政治、社会、文化等方面的平等权益"②作为一项实施内容。与此同时,我国面临"疆独""藏独"与"台独"的严峻挑战,甚至还出现了"港独"的闹剧。伴随着这种独立的图谋,我国的国家安全与统一面临十分复杂与严峻的局面。2008 年拉萨发生了"3·14 打砸抢烧暴力事件",2009 年乌鲁木齐发生了"7·5 打砸抢烧暴力事件"。在国际恐怖活动呈反弹之势的背景下,2013 年以来,中国境内恐怖活动再次呈高发状态,发生了"4·23 新疆巴楚县严重暴力恐怖犯罪事件""6·26 新疆鄯善县鲁克沁镇暴力恐怖袭击事件""7·18 新疆和田严重暴力恐怖事件""10·28 天安门金水桥恐怖袭击事件""12·15 新疆喀什疏附县暴力恐怖袭击事件""12·30 新疆莎车县公安局暴力恐怖袭击事件"。2014年发生了由新疆分裂势力组织策划的"3·11 昆明火车站砍杀事件""11·28 新疆莎车县美食街恐怖袭击事件"。这些暴力恐怖事件以及独立图谋都有着深刻的民族因素,而这些问题不能仅靠刑法、行政法等单一部门法做出回应,更应该在宪法层面有宏观思考和顶层设计。宪法教学应当正视当下的民族矛盾,确立正确的宪法民族观来解释和分析民族问题。

二、宪法教学要确立什么样的民族观念

宪法教学应当建立一种二元主体、三维内容的民族观念。所谓"二元主体",即"多元一体"格局在宪法理论中的展开,具体包括主权民族和自治权民族两个层次的主体;"三维内容"是指宪法民族观在内容上包括民族认同观、民族平等观和民族权利观三个维度。

民族在人类学家眼里,"它是一种想象的政治共同体——并且,它是被想象为本质上有限的,同时也享有主权的共同体"③。享有主权的民族就是主权民族。但需要说明的是,自威斯特法利亚体系以来,西方世界秉持"一个民族、一个

---

① 习近平:《共圆中华民族伟大复兴的中国梦》,《人民日报》2014 年 2 月 19 日,第 2 版。
② 中华人民共和国国务院新闻办公室:《国家人权行动计划(2012—2015 年)》,《人民日报》2012 年 6 月 12 日,第 14 版。
③ [美]本尼迪克特·安德森著,吴叡人译:《想象的共同体:民族主义的起源与散布》,上海人民出版社 2011 年版,第 6 页。

国家"的理论,造就了近代以降的民族—国家(nation-state)的格局,如英国经过1688 光荣革命确立起整个英吉利民族对享有国家主权的正当性,形成了英国民族国家;法国经过 1789 年法国大革命构建起"法兰西民族",形成了法兰西民族国家;俾斯麦经过 1870—1871 年的普法战争统一了德国,形成了德意志民族国家。[1] 这种古典的宪法民族观在解释多民族国家的主权问题时需要予以修正。事实上不存在单一民族构建的国家,更为常见的形态是多民族共同构建一个主权国家,例如:《美利坚合众国宪法》序言所称的"我们美利坚合众国人民"显然包含了 63.6% 的白人、16.3% 的拉美裔、12.6% 的非洲裔、4.8% 的亚裔以及 2.7% 其他族裔人口,据此,各族裔组建的美利坚民族才是承载整个国家的主权民族。我国作为统一的多民族国家,无论在历史上还是现实中,都已经确立了"中华民族"这个范畴,并且与"中国各族人民"等值,那么,《宪法》第二条关于"中华人民共和国的一切权力属于人民"的确认,就可以通过"中国各族人民"转化为"一切权力属于中华民族"的表述,即中华民族享有中国主权。宪法教学应当明确中华民族是我国的主权民族。

相对于主权民族,自治权民族是享有自治权的民族,它实际上是主权国家内部的"族群"(ethnic groups)。我国包括汉族在内的 56 个法定民族都属于族群。从理论上讲,基于平等的法理,所有民族都享有自治权;但是,民族自治权的行使前提是族群成员生活在同一地域,形成一个地理乃至行政区划上的自治单位。然而,我国的历史和现实常态是民族(族群)杂居,没有一个民族能够将其成员锁定在世居土地上。在具体的制度安排上,我国将民族自治与地方自治相结合,建立起民族区域自治的法律框架。

宪法民族观在内容上涵盖三个维度。一个是民族认同观。民族认同是连接公民自我认同与国家认同的纽带,系确认"同宗同源"共识性印象的载体。在民族—国家的格局中,民族认同往往融入国家认同,表现为对国家传统与精神的捍卫和保护。但是,在多民族国家内部,民族认同应当区分为主权民族认同和自治权民族认同两个层次,前者在宪法上体现为人民主权与主权民族自决权的统一,成为国家合法性的基础;后者在宪法上表现为对少数民族主体性的尊重和特殊性的保护。[2] 在宪法教学中明确中华民族的宪法地位,是正确理解《民族区域自治法》和《反分裂国家法》等一系列宪法性法律文件的前提。二是民族平等观。

---

[1]　李占荣:《宪法的民族观——兼论"中华民族"入宪》,《浙江大学学报(人文社会科学版)》2009 年第 3 期。

[2]　李占荣、唐勇:《民族认同的宪法表述》,《民族论坛》2014 年第 11 期。

宪法序言宣告："平等团结互助和谐的社会主义民族关系已经确立,并将继续加强。在维护民族团结的斗争中,要反对大民族主义,主要是大汉族主义,也要反对地方民族主义。"①民族平等的理论基础在于两个方面。其一,民族是一个集体概念,系由属于该民族的公民组成,既然公民在法律上具有不证自明的平等性,《公民权利和政治权利国际公约》指出:"对人类家庭所有成员的固有尊严及其平等的和不移的权利的承认,乃是世界自由、正义与和平的基础。"②那么,以民族为标签的歧视就是不当的。其二,相对于经济增长速度之快慢、政治发展程度之高低,语言、文字及其承载的文化艺术则无高下之别。正如不能区分汉语英语孰优孰劣,同样应当赋予各民族语言文字的平等地位。民族的识别建立在族群文化的差异性之上,文化层面的非歧视性就决定了民族之间的非歧视。三是民族权利观。少数民族权利的保障是国际人权法实践的新主题,联合国《在民族或族裔、宗教和语言上属于少数群体的人的权利宣言》认为"促进和保护在民族或族裔、宗教和语言上属于少数群体的人的权利有助于他们居住国的政治和社会稳定","满足不同的民族、族裔、宗教和语言群体的愿望并确保属于少数群体的人的权利,是对所有个人的尊严和平等权的尊重,推进了参与性发展,从而有助于减缓不同群体和个人间的紧张局面。这些因素是稳定与和平的一个主要决定因素"。③ 在主权国家之内,民族权利观还是宪法人权观的一个有机组成部分。在"国家尊重和保障人权"的总体框架下,少数民族因其人口基数上的少数容易在多数表决的民主机制中处于劣势,因此,《宪法》以最高层级规范的方式预设少数民族的基本权利,从而弥补民主机制的局限性。

三、宪法教学中应当如何确立民族观念

宪法民族观的确立和培养应当贯穿宪法教学的全过程,将民族话语带入宪法课堂,使学生在识记、理解和运用宪法的思维活动中意识到"多民族国家"这个基本国情,掌握基于多民族国家特征的宪法原理。

第一,在宪法基本原则的授课中确立主权民族的学理概念。无论高等教育

---

① 《中华人民共和国宪法:最新修正版》,法律出版社 2018 年版,第 59 页。
② 《公民权利和政治权利国际公约》,见陆德生:《人权意识与人权保障》,中国长安出版社 2014 年版,第 514 页。
③ 《在民族或族裔、宗教和语言上属于少数群体的人的权利宣言》,联合国大会 1992 年 12 月 18 日第 47/135 号决议通过。

出版社的"面向 21 世纪课程教材"①,还是中国人民大学出版社的"21 世纪法学系列教材"②,宪法基本原则都作为宪法基本理论的一个重要内容加以讨论。其中,人民主权原则是宪法的第一项基本原则,从《宪法》序言的表述来看,中国共产党领导中国各族人民经历武装斗争和其他形式的斗争,取得革命胜利建立人民共和国,人民成为国家的主人,体现了我国宪法的人民主权原则。由此可知,掌握主权的主体是中国各族人民,即中华民族。向学生阐明这个逻辑,就能够确立主权民族范畴,"疆独""藏独"抑或"台独"的图谋因其不具备主权民族的属性而不攻自破,《反分裂国家法》的法理基础就在于此。

第二,在公民基本权利和义务的授课中确立少数民族权利体系。宪法最核心的作用在于保障公民权利,除了基本人权原则这一抽象的提炼之外,公民基本权利和义务专题是宪法教学的重要内容,其中就包括对少数民族权利的讨论。平等权或法律面前一律平等是基石性的权利,而谈及平等势必涉及主体的界别,如在性别界别下,男女平等;在工种界别下,职业平等。民族平等就是建立在族裔界别的基础之上,并且与民族认同融为一体。如果不认同本民族,就不会把自己归入某一民族,不分民族的平等权自然无从谈起。在这个知识点上,民族平等与民族认同是不可分割的。当然,宪法教学要讲清楚两个层次的民族认同,即对本民族(族裔)的认同与对中华民族的认同。此外,少数民族公民除了一般公民所享有的权利之外,还享有基于民族特性而拥有的权利,《宪法》文本和教材都有涉及,本文不再具体展开。

第三,在国家形式和国家机构的授课中探讨民族区域自治制度。民族区域自治制度是我国《宪法》独创的一种制度安排,该制度将民族自治与地方自治结合起来,赋予少数民族聚居区以自治权。讲解民族区域自治制度应当置于政党政治与法律规定两个层次来具体展开。在政党政治的语境中,《中国共产党章程》指出"中国共产党是中国工人阶级的先锋队,同时是中国人民和中华民族的先锋队"。这就是说,民族共同体必须在政治上接受中国共产党的领导,各级民族自治地方均设有中国共产党的组织;在法律规定的语境中,《宪法》和《民族区域自治法》为民族地方自治的权限做出安排。讲明白这两个层次,就能够将民族区域自治与特别行政区区分开来。同时也应该认识到民族区域自治仍有发展和完善的空间,例如五大自治区均未出台其自治条例。

---

① 周叶中:《宪法》,高等教育出版社 2011 年版,第 90—106 页。
② 许崇德:《宪法》,中国人民大学出版社 2009 年版,第 23—25 页。

行政法与行政诉讼法学课程的教学困境及其破解

李春燕　　张旭勇[①]

摘　要　行政法与行政诉讼法学是法学本科专业的专业必修课,对法学本科专业大学生取得法学学士学位、就业和未来生活都具有重要意义。然而,教学过程中,该课程已陷入多重困境:教学内容多,但教学课时少;案例多,但与学生当下利益直接相关的少;实践性强,但学生的实践机会比较少。为破解前述困境,建议国家合理确定该课程的最低教学课时,学校加强对专业实践的引导和管理,教师要提高教学能力。

关键词　行政法与行政诉讼法学;教学困境;最低课时;专业实践教学能力

一、行政法与行政诉讼法学课程的重要性

(一)对法学专业大学生取得学士学位的重要性

2018 年 4 月,教育部发布《普通高校法学本科专业教学质量国家标准》,要求法学专业核心课程采取"10＋X"分类设置模式。其中,"10"指法学专业学生必须完成的 10 门专业必修课,包括法理学、宪法学、中国法律史、刑法、民法、刑事诉讼法、民事诉讼法、行政法与行政诉讼法、国际法和法律职业伦理。[②] "专业必修课"的课程属性决定了法学专业大学生对是否学习行政法与行政诉讼法学

---

① 李春燕,法学博士,浙江财经大学法学院副教授,硕士生导师;张旭勇,法学博士,浙江财经大学法学院教授,硕士生导师。

② 事实上,早在 1998 年,教育部高教司就编写出版了《全国高等学校法学专业核心课程教学基本要求》,明确规定法理学、中国法制史、宪法、行政法与行政诉讼法、刑法、刑事诉讼法、民法、知识产权法、商法、经济法、民事诉讼法、国际法、国际私法、国际经济法等 14 门课程为法学专业核心课程。2007 年,教育部高校法学学科教学指导委员会在中国人民大学举行全体委员会议,会上通过的法学学科核心课程共 16 门,即新增了环境法与资源保护法、劳动法与社会保障法两门课程。

这一课程没有选择余地。换言之,对法学专业的大学生来说,如果要取得法学学士学位,就应当重视行政法与行政诉讼法学课程的学习。

(二)对法学专业大学生就业的重要性

伴随着法治政府、法治国家和法治社会建设进程的推进,各行各业对法学专业的大学毕业生都有一定的需求量。与此同时,相当一部分高校在向"综合性大学"迈进的过程中,都增设了法学专业。这样,与社会对法学专业大学生需求的增长相并行,高校法学专业大学生的招生数量也在增长。近年,在大学生就业排行榜上,某些高校的法学专业已被亮"黄牌"。在法学专业就业市场"供大于求"的情况下,一名大学生如何证明自己比其他大学生更优秀?

目前,从就业单位反馈的信息看,在同等情况下,大学生是否通过国家统一组织的法律职业资格考试是判断其法学素养的重要参照系。我国的法律职业资格考试发展至今,从律师职业资格考试到司法资格考试,再到当下的法律职业资格考试,考试方法虽有变化,但考试范围并没有太大变化。其中,"行政法与行政诉讼法"一直被列入考试范围,题目遍布于主观题和客观题之中,2007—2017 年的平均分值是 58.73 分,占总分的 9.79%(见表1)。这就意味着,大学生若想通过法律职业资格考试,就要正确对待行政法与行政诉讼法学课程。确实,法律职业资格考试中,在评定参加者是否"合格"时,并没有对特定部门法的单项成绩做出限制。或者说,即便"行政法与行政诉讼法"部分得分较低,也可能因其他部门法部分得分较高而通过考试。但是,在考试难度越来越大的当下,不得不承认,多一分就多一分希望!因此,在备考阶段,几乎没有人表示将彻底放弃"行政法与行政诉讼法"的学习。而且,通过法律职业资格考试,将大大拓展大学生的就业机会。根据《国家统一法律职业资格考试实施办法》的规定,有志从事律师、法官、检察官、公证员等职业的人员以及在行政机关中初次从事行政处罚决定审核、行政复议、行政裁决、法律顾问的公务员,都需要取得法律职业资格。同时,对于高校法学专业教师和公司法务来说,已取得法律职业资格虽然不是职业准入的硬标准,但对未来的职业发展仍有一定积极影响。

表1 2007—2017 行政法与行政诉讼法在司法考试中的分值和比例

年 度	满分(分)	分值(分)	比 例
2017	600	59	9.83%
2016	600	60	10%

续 表

年 度	满分（分）	分值（分）	比 例
2015	600	56	9.33%
2014	600	62	10.33%
2013	600	57	9.5%
2012	600	58	9.67%
2011	600	55	9.17%
2010	600	62	10.33%
2009	600	57	9.5%
2008	600	57	9.5%
2007	600	63	10.5%
平均		58.73	9.79%

（三）对大学生未来生活的重要性

即便不考虑一份满意的工作对提升一个人的生活幸福指数的正相关性，行政法与行政诉讼法学所涉知识对大学生未来生活的意义也不容小觑。这种状况的形成，与当今时代一个人从"摇篮到坟墓"都离不开行政机关密切相关。诚然，目前人的需求越来越多样化、个性化。不过，最基本的需求依然是"衣食住行"。分析显示，"衣食住行"任一方面需求的满足，在某个或某些环节，总会有行政机关的影子。如，"民以食为天"，食品安全是关系一个人生死的大事，而食品安全与农作物的生产、加工和销售等各环节都有关联，各环节都需要行政机关实施监管。又如，出行问题不仅涉及交通基础设施的规划、建设、运营与管理，还涉及对从事交通运输活动的企业和个人的资质监管、行为监管，这一切都离不开行政机关。此外，结婚时要办理结婚证，为人父母时要为孩子办理出生登记，孩子达到入学年龄后就与教育部门有了千丝万缕的联系，工作中可能需要进行工伤认定……一个人要想摆脱行政机关对自身生活的介入，真的比"登天"还难。

当对行政机关的依赖越来越强烈时，如何与行政机关相处就显得尤为重要。特别是行政机关不是"天使"的事实时刻警醒人们，在依法协助或配合行政机关履行职责的同时，还要防范行政机关侵犯自身合法权益；一旦发生行政机关侵权事件，还要知晓如何应对——采用何种应对方式成本最低、效益最大？是申请行政复议，还是提起行政诉讼？会不会因为申请行政复议而丧失提起行政诉讼的机会？要不要申请国家赔偿？……这些问题,都可以在行政法与行政诉讼法学课程中找到答案或解决思路。因此,学习好行政法与行政诉讼法学,对提高大学生未来的生活品质具有重要意义。

二、行政法与行政诉讼法学的教学困境

行政法与行政诉讼法学对大学生虽然非常重要,但在教学中,部分教师常常陷入教学困境,深感力不从心,这种教学困境主要表现在以下三个方面。

(一)教学内容多,但教学课时少

行政法与行政诉讼法学的教学内容比较多。法律出版社、中国政法大学出版社、北京大学出版社以及高等教育出版社等国内权威法学教材出版社出版的行政法与行政诉讼法学教材动辄在三四百页以上,并且内容相当丰富:基本上由"总论"与"分论"两大部分构成。① "总论"部分一般讲述行政法的基本概念、特点、历史发展与渊源、行政法律关系和行政法的基本原则,"分论"部分大都由"行政组织法""行政行为法""行政程序法""监督行政法"等四大部分构成。同时,每部分需要讲解的法律法规都非常多。如,在"行政行为法"部分,《行政处罚法》《行政许可法》和《行政强制法》是必讲内容,有时还包括《治安管理处罚法》《税收征收管理法》《国有土地上房屋征收与补偿条例》等法律法规。又如,"监督行政法"部分,除《行政诉讼法》及其相关司法解释外,《行政复议法》《行政复议法实施条例》和《国家赔偿法》也是必讲内容。而且,前述法律、行政法规都属于"一般行政法"的范畴,在案例分析中,往往还要对适用于特定行政领域的法律、行政法规进行讲解。以行政处罚为例,如果讨论交通行政处罚案例,那么《道路交通安全法》和《道路交通安全法实施条例》是无法绕开的法律文件;如果讨论律师行政处罚案例,那么《律师法》是必然要提及的;如果讨论税收行政处罚案例,那么就必须关注《税收征收管理法》《企业所得税法》《个人所得税法》等的相关规定……甚至,某些时候,还涉及地方性法规、部门规章和地方政府规章的适用。总之,行政

---

① 如,高等教育出版社出版的《行政法与行政诉讼法学》(马克思理论研究和建设工程重点教材)第1版有558页,第2版有446页;姜明安主编、北京大学出版社出版的《行政法与行政诉讼法》(第6版全国高等学校法学专业核心课程教材)有646页;王学辉主编、法律出版社出版的《行政法与行政诉讼法学》(第2版新阶梯卓越法律人才培养系列教材)有491页;王周户主编、中国政法大学出版社出版的《行政法与行政诉讼法教程》(第2版高等政法院校法学系列教材)有419页;等等。

法与行政诉讼法调整对象的广泛性和法律渊源的多样性决定了行政法与行政诉讼法学的教学内容非常多,所涉及的法律法规不胜枚举。

对教师来说,教学内容多并不可怕,可怕的是教学课时与教学内容的严重不匹配。教育部虽然将行政法与行政诉讼法学列入高等院校法学专业必修课程,但对具体课时安排并无要求。于是,各校根据自身定位来确定和调整该课程的教学课时。以笔者所在的浙江财经大学为例,行政法与行政诉讼法学的教学课时经历了从 85 课时(5 课时×17 周)到 80 课时(5 课时×16),再到 64 课时(4 课时×16 周)的变迁,而教学内容并没有显著减少。一定程度上,行政法与行政诉讼法学的核心课程地位已经失落。① 在这种情况下,教师的应对方案多种多样,或蜻蜓点水式地面面俱到,或以突出教学重点的名义仅讲授自己较熟悉的内容,或根据学生的意愿对教学内容进行剪裁……无论何种方案,教学效果都不是很理想。

(二)案例多,但与学生当下利益直接相关的少

目前,案例教学法在法学专业课程中被广泛运用。案例教学法的运用效果与案例的选择密切相关。就行政法与行政诉讼法学而言,可供教师使用的案例越来越多,包括但不限于:一是最高人民法院审核发布的指导性案例;二是《最高人民法院公报》上刊登的行政法案例;三是最高人民法院和部分省、自治区、直辖市高级人民法院发布的特定行政领域或特定年度的十大典型案例;四是中国裁判文书网、无讼案例网以及北大法宝等数据库中公开的案例;五是著作中提及的案例。面对众多案例,教师应如何选择?

选择案例时,教师需要考虑多种因素,其中之一是大学生是否感兴趣,是否有参与积极性。从调动学生最大参与度的角度看,与其利益休戚相关的案例最受欢迎。诚然,前述途径获取的案例与大学生未来的工作、生活有着丝丝缕缕的联系,大学生若能提前了解,对未来工作、生活有百利而无一害。但是,不得不正视的是,大学生对与其当下利益相关的案例更感兴趣。然而,遗憾的是,行政法与行政诉讼法学可以使用的案例虽然非常多,但与"大学生"这一特定身份相关的案例少之又少。毕竟,根据《行政复议法》和《行政诉讼法》的规定,目前,大学生与学校之间发生的争议绝大部分不属于行政复议和行政诉讼的受案范围,只

---

① 周伟:《论行政法学核心课程地位的失落与回归》,《法学教育研究》2016 年第 2 期,第 186—190 页。

有与学位授予相关的争议进入行政复议和行政诉讼程序。在这种情况下,教师虽收集了许多案例,但对大学生而言,这些案例如同来自另一个世界,很难激起共鸣。

(三)实践性强,但学生的实践机会比较少

行政法与行政诉讼法学属于应用性学科,对实践教学提出了较高要求。不过,实践中,重理论轻实践的情形仍不同程度存在。[①] 可喜的是,有的学校已在培养方案中规定了少量实践教学课时,教师们对如何使用"实践教学课时"也进行了多种尝试:或集中进行综合性案例分析,或组织模拟法庭,或带领学生旁听行政案件开庭,或定期邀请律师、法官、公务员开展讲座。[②] 这些方法各有特色,对提高学生的法律知识运用能力也有一定成效。不过,总体上,具有"实战性"的实践机会仍然较少,这表现为以下几点。

一方面,宏观上,行政法与行政诉讼法学的课程体系由两个阶段构成:行政程序阶段与行政诉讼阶段。目前,各高校法学专业的实践基地多建在律师事务所和人民法院。这样,学生的实践活动大多围绕行政诉讼展开,"较少能在正式走向工作岗位前接触到行政管理方面或是行政执法类型的工作,这在一定程度上限制了学生的实践空间和思维格局"[③]。事实上,在行政程序阶段,行政机关及其工作人员在依法履行职责时,除考虑合法行政外,更期待达到"最佳行政"的状态。因此,行政程序阶段对大学生更具有挑战性。而且,就大学生的就业去向来看,到行政机关工作的人数远多于到人民法院行政庭工作的人数。因此,不应忽视大学生到行政机关进行专业实践的意义。

另一方面,大学生真正参加行政法与行政诉讼法学专业实践的时间比较少。对全日制法学专业大学生来说,能够专心进行专业实践的时间主要是暑假和毕业实习阶段。目前,行政法与行政诉讼法学课程大多开设在第五学期或第六学期。这样,大学生在大一暑假和大二暑假很少参加与该课程有关的专业实践。大三暑假,很多大学生开始为参加研究生考试或公务员考试做准备,基本不会参加任何专业实践。毕业实习一般安排在第七学期或第八学期。基于各种考虑,

---

① 郑宁:《如何有效连结法学教育与法律职业——行政法与行政诉讼法学教学改革探索》,《中国法学教育研究》2017 年第 3 期,第 172 页。

② 翟秀红:《行政法与行政诉讼法教学方法探析》,《中州大学学报》2012 年第 4 期,第 88 页。

③ 蒲晓媛:《行政法与行政诉讼法课程教学实践基地建设探析》,《黄河水利职业技术学院学报》2017 年第 2 期,第 80 页。

大部分学校采用的是分散实习模式。在分散实习模式下,大学生在选择实习单位时,除考虑能否学到"真本事"之外,还会考虑其他因素,如,是否有机会将实习单位转化为就业单位?实习单位的考勤制度是否严格,是否便于随时请假外出参加面试?能不能不实习就给开具实习证明?在这种情况下,选择到考勤制度严格、准入门槛高的人民法院和行政机关进行毕业实习的大学生较少。

三、破解行政法与行政诉讼法学教学困境的建议

行政法与行政诉讼法学在教学过程中虽然困难重重,但鉴于该课程对大学生的重要意义,无论是国家,还是学校和教师,都应当积极采取措施,努力破解教学困境。

(一)国家:合理确定行政法与行政诉讼法学的最低教学课时

为解决教学内容多与教学课时少之间的矛盾,笔者建议教育部在实施《普通高校法学本科专业教学质量国家标准》的同时,合理确定包括行政法与行政诉讼法学在内的专业核心课程的最低课时。所谓"合理",主要应考虑两个因素:一是在政法类大学(如中国政法大学等)与综合性大学中,行政法与行政诉讼法学的最低教学课时应有所不同。毕竟,这两类大学的定位不同,人才培养目标存在差异。因此,在课时分配问题上,教育部应当给予高校适当的裁量空间。二是根据教学内容的多少和难度来确定 10 门法学专业核心课程的课时分配格局。在法学专业的课时总量已经确定的情况下,任何一门课程的教学课时的增加,都意味着其他课程的教学课时的减少。因此,从公平角度看,应当根据教学内容的多少和教学难度来确定各课程的教学课时,而不能搞平均主义。在此,尤其应关注教学难度因素。教学难度的判断,除关注课程本身的属性外,还应当关注课程对学生的陌生度。一般来说,课程对学生的陌生度越高,学生的学习兴趣和学习热情就越低,教师的教学难度就越大。

(二)学校:加强对专业实践的引导和管理

对学校来说,除了在法学本科专业培养方案中明确规定行政法与行政诉讼法学的教学课时由理论教学课时和实践教学课时构成外,还应当加强对专业实践的引导与管理。

首先,在校外专业实践基地的建设方面,除传统的人民法院、人民检察院和

律师事务所外,还应当开辟新的领域——行政机关和法律法规授权的承担行政管理职责的事业单位,以满足大学生进行行政法与行政诉讼法学课程实践的需要。

其次,学校应当根据课程开设时序,确定学生在寒暑期进行专业实践的内容。譬如说,学校如果将行政法与行政诉讼法学设置在第四学期,那么在组织学生开展大二的暑期专业实践时,就应当将行政法与行政诉讼法学作为重要实践内容,并引导学生到相关单位进行专业实践。

最后,在毕业实习阶段,实行集中实习为主、分散实习为辅的实习模式,加强管理,提高实习效果。在开展集中实习工作时,应当根据学生的职业规划,安排学生到不同类型的实习基地进行实习。对有志从事行政管理工作的学生,就优先安排到行政机关和法律法规授权的承担行政管理职责的事业单位进行实习。

(三)教师:提高教学能力

承担行政法与行政诉讼法学教学任务的教师应认真研究该课程的特性,努力提高教学能力,进而提高教学质量。就提高教学能力而言,一方面,教师要运用案例激发学生的兴趣。兴趣是最好的老师,调动学生学习行政法与行政诉讼法学的积极性也必须从激发学生的兴趣入手。激发学生的兴趣,首先必须使学生发自内心地认同行政法与行政诉讼法学对自身的重要意义。这样,教师在搜集案例时,就要关注大学生在日常生活中的多种法律身份,让大学生认识到这些法律身份与行政机关的关系,进而自觉关注相关行政领域的立法状况,并进行一定的反思。具体来说,大学生除了是"学生"之外,还是"消费者""交通参与者""打工者",并且经常出入公共场所,因此,学校、教育主管部门、市场监督管理部门、交通管理机构、交通运输主管部门、人力资源和社会保障部门、公安机关等相关的行政案例多多少少与大学生的学习和生活有一些交集,因而更易于激发学生的兴趣。另一方面,教师应调整案例分析方法,让学生成为案例分析的主角。作为应用法学,行政法与行政诉讼法学要求培养学生的案例分析能力。正如俗语所言,实践出真知。因此,教师应重点讲解行政案例的分析思路,并指导学生独立进行案例分析。

总之,作为法学本科专业的核心课程,行政法与行政诉讼法学的教学质量应引起重视。为此,国家、学校和授课教师都应当正视该课程的教学困境,并不断探索破解之道。

债权法案例教学的思考①

康莉莹②

摘　要　教学方法影响着学生的创新能力和综合素质的培养。在法学课程的教学中,应用案例教学法,对于完成教学任务、提高教学质量、实现人才培养方案等都具有重要作用。但法学教育中应当结合实际情况,对案例教学法加以灵活运用。

关键词　案例教学法;法学教育;教学方法

案例教学法真正作为一种教学法的形成和运用,发生于美国哈佛大学的法学院和医学院。20世纪初,案例教学开始被运用于商业和企业管理学,其内容、方法和经验日渐丰富和完善,并在世界范围内产生了巨大影响。当前在国内,案例教学法已经被越来越多的人所接受,并列入了各高校的教学改革计划,尤其在法学、工商管理类课程上已经有广泛的运用。

一、案例教学法的含义及特征

案例教学,亦称案例教学法,最早由古希腊哲学家苏格拉底开创。原指讨论的方法与方式,即从意见对立中寻求矛盾,在矛盾中寻找新的意见,在归纳的基础上,形成对真理的表述。应用在教学中就是在教师的指导下,根据教学目标和内容的需要,利用案例组织学生进行学习和研究,以锻炼学生的分析、归纳、总结的能力。③ 现今,案例教学法(case method)是指在法学教育过程中,大量采用课堂案例分析、案例专题讨论、现场案例教学、司法实践等多种方式,通过引导学生

---

① 本文发表于2012年《财经论丛》增刊。为浙江财经学院第八批校级精品课程"债权法"成果(编号:10)。

② 康莉莹,浙江财经大学法学院教授,硕士生导师。

③ 刘天君等:《法学案例教学法研究》,《黑龙江省政法管理干部学院学报》2008年第1期。

研究和分析案例,生动形象地解释法律的内容,深刻揭示其法理内涵,帮助学生掌握理论知识和提高法律职业素质的教学方法。[1]

案例教学法源于判例教学法,判例教学法是一种归纳式的法学教学体系,要求学生通过对大量特定判例的研究来掌握具有普遍意义的法律规则。[2] 判例教学法由克里斯托弗·各伦斯布斯·兰德尔(Christopher ColumbusLangdell,1826—1906)在担任哈佛法学院院长时首创。他在 1871 年出版了世界上第一本教学用判例集——《合同法案例》,用判例教材代替了过去的教科书。[3] 判例教学法在哈佛法学院的应用取得了巨大成功,美国的法学院纷纷仿效,到 1910 年该方法已在美国法学教育中占据了统治地位。但判例教学法并不适合我国的法学教育。在我国法学教育领域,根据我国法律传统、法律文化传统和法学教育的培养目标要求,可借鉴大陆法系国家经验,采用案例教学法。案例教学法具有以下主要特点:

(1)能够理论联系实际。通过对具体案例分析来加深理解所学理论知识,掌握基本的法律原理及制度,培养和锻炼学生运用法律知识解决实际问题的能力。

(2)案例教学法让学生参与到具体案例的分析和讨论中来,可以激发学生的学习兴趣,激励学生主动参与学习活动,充分调动学生学习的主动性和积极性,促使学生积极思考,最终达到掌握法律知识及培养思辨能力的目的。

(3)培养学生综合运用知识的能力。因为每一个案例中所涉及的问题既有实体法的,又有程序法的。通过案例的讨论,可以培养学生的整体思维以及综合运用知识、全面分析问题的能力,锻炼学生在公众场合发表意见的口头表达能力和逻辑思辨能力。

二、案例教学法只能作为法学教育的辅助手段,但应得到应有的重视

近年来,全国高校法学专业纷纷尝试案例教学在教学实践中的应用,在法学教育中应用案例教学的主要有三种模式。一是将案例仅仅作为一个例证,来证明和讲解某一个观点。这是比较普遍的做法,即以讲授教学法为主,以案例教学法为辅助方法,这是目前法学院系采用最多的教学方法,适用于通识性教学。二

---

[1]　曾文革:《法学案例教学法的探索与思考》,《重庆大学学报》(社会科学版)2006 年第 1 期。

[2]　Bryana. garner, *Black's Law Dictionary*(*Eighth Edition*),WestPublishing Company,2004,p. 58.

[3]　韩大元、叶秋华:《走向世界的中国法学教育论文集》,中国人民大学出版社 2001 年版,第 925 页。

是将案例作为课程的核心,围绕案例进行讨论分析,试图从案例中归纳总结某些原理性的事物,即以案例教学法为主,以讲授教学法为辅。这多现于高级法律职业人员的培训之中,如对于法官、检察官以及执业律师的继续教育与培训,受教人员大多具备较深厚的法学功底,有一定的法律实践,通过案例法教学模式,能更快地帮助掌握法律的应用与拓展能力,属于职业性教学培训的应用范围。三是既重视基本原理和基本理论的讲授,同时也重视案例在教学中的作用,运用案例来解释问题,实现理论与实践的结合,即案例教学与讲授教学两种方法并重,不分主次。这种教学模式常见于一些法学专业高年级与研究生学习过程中(笔者在法学专业本科生债权法的教学中主要采用此模式)。

　　成文法的特点决定了我国的法学教育应当以法教义学和课堂讲授作为主要手段,案例教学法不能成为我国法学教育的主流手段,[1]而只能作为法学教育的辅助手段而存在。对此观点,笔者基本赞同。但是,笔者同时认为案例教学法在我国法学教育中应当得到应有的重视,理由如下。

(一)案例教学法的优越性决定了案例教学的必要性

　　孙小楼先生在《法律教育》一书中概括了案例教学法的优越性:一是可引起学生学习的兴趣;二是可使学生明了办案的方式;三是可使学生明了办案的方法;四是可使学生明了法官之心理,其得益较诸原理法律教本制切实得多。[2]此外,也有研究者认为,案例教学法在培养学生自主学习意识、探究性学习方法的养成方面具有不可替代的作用。[3]对学习者而言,学习能力和学习意识的培养比灌输几个法律概念要受用得多。

(二)我国法学教育的低起点决定了案例教学的必要性

　　对于我国初入法学院校的学生来说,生活经验还很肤浅,抽象的法律规则如果完全以课堂讲授作为传授知识的主要方式,不要说学生没有兴趣,即便好学的学生恐怕也不知法从哪来,应到哪里去。此外,教师能够在课堂上讲授知识的时间是很有限的。我们常说"授之以鱼,不如授之以渔",案例教学可以在一定程度

---

　　① 陈兴良:《判例教学法:以法系为背景的研究》,《刑事法评论》第 12 卷,中国政法大学出版社 2003 年版,第 101—121 页。
　　② 孙小楼:《法律教育》,中国政法大学出版社 1997 年版,第 54 页。
　　③ 鲁玉兰:《案例教学法探析——以法律职业能力训练为视角》,《北京政法职业学院学报》2009 年第 4 期,第 100—103 页。

上担当起"授之以渔"的使命。

（三）法律职业的特殊性决定了案例教学的不可替代性

法律教育就是要为国家培养专门的法律职业人才。而法律职业对象的特殊性、法律执业活动的特殊性、法律职业发展道路的特殊性、法律职业要求的特殊性决定了案例教学在法学教育中的特殊地位。[①] 近些年，司法实务部门对我国法学教育质量颇有微词，指责从法学院走出来的学生不会办案。这说明我们过去过于重视法教义学的缺陷是明显的，学生只了解纸面上的法，对生活中的活的法律茫然无知。案例教学能起到修补原理教本制的不足。只有通过对各种复杂多样的案例进行条分缕析的解剖，学生才可以获得真实的社会生活的间接经验，才能在一定程度上缩短走上社会后的适应期。

（四）我国案例指导制度的实施为案例教学奠定了司法基础

2005 年最高人民法院发布了《人民法院第二个五年改革纲要（2004—2008）》，确立了我国的案例指导制度。明确"建立和完善案例指导制度，重视指导性案例在统一法律适用标准、指导下级法院审判工作、丰富和发展法学理论等方面的作用。最高人民法院制定关于案例指导制度的规范性文件，规定指导性案例的编选标准、编选程序、发布方式、指导规则等"[②]。案例指导制度的确立可以完善我国司法制度之不足，表明我国司法理念更加理性和科学。法律不可能穷尽现实生活。法律的局限性决定了案例指导制度的必然性。案例指导制度恰恰可以使法律的局限性得到修补。案例指导制度对于同案同判，维护司法统一具有重要意义，也为我国的法律教育提供了方向。

案例教学尽管有以上诸多的优势，但它在一定程度上背离了对法律知识体系化的要求，也存在一些弊端。

（1）传授知识缺乏系统性，局限于案例所适用的法条，对于其他的法条，往往会有所割裂。法律严谨缜密的概念、原理和体系不通过细致全面地讲授是难以理解和把握的。如果学生的法律知识仅限于所讨论学习的特定案例，不利于系统掌握法的概念、价值。因此单纯的案例教学不能给学生提供一个系统而全面的知识平台。

---

① 　霍宪丹：《当代法律人才培养模式研究》，中国政法大学出版社 2005 年版，第 9—13 页。

② 　《人民法院第二个五年改革纲要（2004—2008）》，见刘志刚、王瑶编：《行政诉讼法律法规、司法解释与案例汇编》，复旦大学出版社 2015 年版，第 1141 页。

（2）案例自身有局限性。案例教学所使用的案例大多来源于真实判例，判例仅能揭示部分的法律事实与法律适用，而且判例的出台往往结合了一定的时代背景，随着法律的制定与司法解释日趋完善，早先的判例与现行法律或司法解释极易产生偏差，因此对于教学来说，缺乏针对性、时代性，对一些从未发生或在相当时期内不会发生的案件显得力不从心。①

（3）案例教学复杂、耗时。案例的复杂性和综合性不利于成文法概念术语以及立法价值和逻辑的说明，这就要求教师具备丰富的法律实践经验与深厚的法学功底，案例教学也比较耗费时间，它要求教师与学生要大量收集案例，精挑细选，归纳整理，在案例教学中，还要提前充分准备，保证案例讨论的深度与广度，事后还要总结整理，工作量远高于讲授教学。

因此，在我们的法学教育中应充分认识案例教学的意义，恰当地使用案例教学，将原理教学与案例教学有机地结合起来，才能达到法律教育的目的。

三、债权法案例教学中应注意的几个问题

案例教学法作为一种理论联系实际的教学方法，笔者在债权法教学的运用过程中，认为应充分注意以下几方面的问题。

（一）案例教学要根据学生的实际情况循序渐进

注重教学中的循序渐进，即在课程的开始阶段适当地和学生一起分析案例，训练他们分析问题的能力。经过反复训练，学生的能力就会提高。经过一段时间的训练后，让学生自己去分析、解决问题。教师只应承担启发、引导学生进行独立思考的职责。不应处处包办代替，剥夺学生的主体地位，否则收不到案例教学应有的效果。

（二）案例教学法应实行小班授课

班级人数太多，开展案例教学法相当困难。案例教学法应该实行小班授课。一个案例就是一个实际情境的描述。在这个情境中，包含有一个或多个疑难问题，同时也可能包含有解决这些问题的方法。案例教学在课堂教学中常常呈现出一种生动、直观的情境，在激发学习兴趣、培养学习者的能力方面，有着特定的

---

① 范卫红等：《国外案例教学法与中国法学教育》，《重庆大学学报》2006年第2期，第95页。

功效。作为教师,应对案例教学法不断研究、实践、反思和升华,使案例教学法丰富、完善。

(三)案例教学方式应多样化

债权法案例教学包括以下教学方式。

第一,多种形式的案例分析教学。首先债权法学案例教学的形式多样,有与教学内容紧密结合的文字案例,对这些案例的分析便于学生对具体法律制度、法律规定的掌握;其次是与教学内容密切相关的视频案例,主要是《今日说法》播出的案例,这些案例短小精悍,案由简洁,专家说法通俗易懂,很适合在教学中使用,使学生有一个直观的感觉,产生较好的教学效果;还有就是每天发生的贴近生活的现实案例,通过搜狐、新浪等网站,可以找到与债权法教学有关的现实案例,比如,汶川大地震所涉及的合同的解除、债的担保,以及不可抗力等问题,让学生切实感受到债权法(合同法)在现实生活中的重要性。

第二,注意从学生中收集案例,因为债权法与老百姓生活息息相关,这种直接来自学生生活的案例让学生来进行分析、判断,学生倍感亲切,更能引起学生学习的兴趣。

第三,多种方式的案例讨论。债权法学教学案例讨论的方式主要有两种:一是课堂案例分析的方式,结合课堂所讲的章节内容,有针对性地就某一法律规定设计的案例分析,这部分案例分析以提问的方式由学生在课堂做简要分析,目的是让学生对所学的某一具体法律制度有一个直接的掌握;二是分组讨论的方式,将学生分成若干个讨论小组,分别担任原告代理人、被告代理人以及法官角色,从各自角色的角度出发,以事实为依据,以法律为准绳,对案例进行分析,然后写出小组意见。通过这种案例的分析,可以培养学生强烈的职业责任感和荣誉感,也符合法学教育职业培训性特点。

财经类高校经济法课堂教学模式改革初探

陈思融①

摘　要　财经类高校是我国当代高等教育中一个专门的院校类别,经济法是普遍开设的必修课程。我校经济法课堂教学具有历史积累、学校资源和生源基础三大优势,同时存在课程基础薄弱、畏难情绪严重和课后交流有限等问题。经济法课堂教学模式改革是一项涉及教学内容、教学方法和教学评价的系统工程。调动已有的网络资源和调动非法学专业学生的学习热情是实施改革的关键问题。

关键词　财经类高校经济法课堂教学模式

与理工类、师范类、医药类、农林类相并列,财经类高校是我国当代高等教育中一个专门的院校类别。据不完全统计,全国共有财经类高校(不含独立学院和民办高校)50余所。北京、上海、天津、浙江、湖北等省市同时存在多所冠有"财经""工商""商业"或"经济贸易"字样的高等院校。财经类高校无论是否强调多学科协调发展,大多还是以经济学、管理学和法学为主干(或优势)专业开展本科生和研究生的培养。除了作为公共课的思想道德修养与法律基础外,经济法成为财经类高校普遍开设的必修课程。本文拟就本校实际情况出发,探讨财经类高校经济法课堂教学模式的改革问题。

一、财经类高校经济法课堂教学模式改革的意义

经济法课堂教学模式改革直接服务于财经类高校课程建设和学科成长。经济法是注册会计师、注册税务师、报关员、国际商务单证员等职业资格考试的必考科目,也是会计、金融、财政、税收、行政管理、劳动与社会保障等专业的必修科

---

①　陈思融,法学博士,浙江财经大学法学院副教授,硕士生导师。

目。因此,经济法课堂教学质量的高低直接关系到财经类高校绝大多数学生的学业情况及其参加职业资格考试的情况。经济法课堂教学模式改革置于财经类高校的整体学科布局框架内,服务于全校的课程建设和学科建设大局,其意义具体体现在两个方面。

在政治战略层面,财经类高校经济法课堂教学模式改革是推进市场经济健康发展,培养知法、懂法、守法财经人才的重要环节。中共十八届四中全会决议指出:"社会主义市场经济本质上是法治经济。使市场在资源配置中起决定性作用和更好发挥政府作用,必须以保护产权、维护契约、统一市场、平等交换、公平竞争、有效监管为基本导向,完善社会主义市场经济法律制度。"[①]这就意味着,懂得物权法、合同法、票据法、公司法、反不正当竞争法、反垄断法等与市场经济密切相关的法律制度是毕业生从事市场经营活动或市场监管活动的必备条件。财经类高校在新时代全面深化依法治国的背景下,也应当与时俱进,开展经济法课堂教学模式改革,创新教学方法、优化教学内容、提高教学质量。

在课程特色层面,财经类高校经济法是一门较为独特的课程:与思想道德修养与法律基础课程相比,经济法的专业性更强,不再停留于法律基础,而是以"法律基础"为基础,讲授与经济管理关联度较高的专门法律知识;与法学专业的部门法学课程相比,经济法的综合性更强,不再停留于部门法意义上的经济法,而是涵盖了民法、社会法、诉讼和程序法等相关法律部门。正因其独特的地位,导致其课堂教学既不能遵循公共课模式,又不能照搬法学专业课模式。

二、财经类高校经济法课堂教学模式的现状

摸清现状,找准症结,这是经济法课程教学模式改革的前提。就浙江财经大学而言,经济法教学是法科教学的起始点,现在法学院的历史渊源最早可以追溯到服务于经管类学科的经济法教研室,而且经济法学是第一个法学二级学科硕士点。从这个意义上说,浙江财经大学的经济法课堂教学具有三大优势。其一,历史积累的优势。在浙江省省属高校中,我校较早地开展经济法的教学活动,在省内具有一定的知名度,2006年已经被列入省级精品课程,历史的积淀在师资传承和教材修订方面具有无可替代的优势。其二,学校资源的优势。在法学各

---

① 《中共中央关于全面推进依法治国若干重大问题的决定辅导读本》,人民出版社 2014 年版,第12 页。

个门类中,与浙江财经大学校名关联度最高的就是经济法,因此,在参加省校各级视频公开课、精品课或微课的遴选活动中,经济法是最能体现财经特色的法学课程,相比法学院的其他课程能够获得更多资源和平台。其三,生源基础的优势。经济学和管理学相关专业是全校生源质量较高的专业,经济法课程的受众具有良好的学风和积极的学习态度,同时,经济法课程平行开班数量充裕,便于开展课堂教学模式改革的创新实验。

同样也应当注意到,目前经济法课堂教学存在亟待改进的问题,具体表现为下述三个方面。第一,课程基础薄弱。法律制度的发展和法学学科的进步都显示经济法(学)晚于民法(学)、刑法(学)和宪法(学)的特点,因此,对于法科学生而言,经济法学的开课建立在法理学、民法学、宪法学和行政法学等基础课程之后,这些基础课程是学习经济法学的前提和奠基。法科学生通过其他部门法的学习,为经济法学的开课预先准备了法律概念、法律思维和法律方法。然而,对于非法学专业的学生而言,他们并没有相关的部门法知识铺垫,课程基础十分薄弱,给课堂教学带来困难。经济法作为经济学和管理学教学的有机组成部分与经济法教学要求相关部门法基础之间的矛盾构成经济法课堂教学的主要矛盾,并将长期存在。第二,畏难情绪严重。非法学专业的学生普遍有一个认知,即法学专业以法条记忆为基础,并受影视作品的影响,认为法律职业者动不动就能一字不漏背条款。相应地,非法学专业的学生预设了经济法课程需要背法条,且有很多法律法规要记忆的刻板印象,进而觉得这门课程的学习压力很重,在接触课程之前就存在抵触情绪。那么,如何化解抵触情绪,积极参与教学互动,是课堂教学改革应当面对的主题。第三,课后交流有限。经济法课程的授课任务主要由法学院承担,授课对象是非法学专业的学生,教师与学生不在同一个学院,彼此的接触、了解和交流比较欠缺。学生如何及时与教师展开有效沟通,教师如何在第一时间接受答疑,这也是经济法课堂教学相关的问题。

因此,经济法课堂教学模式的改革与实践,应当立足于财经类高校应用经济学、理论经济学、工商管理、公共管理等学科的本科教学需要,开展课堂教学创新,旨在引导学生提高经济法的学习能力,完善财经类专业学生的知识结构。

三、财经类高校经济法课堂教学模式改革的内容

在财经类高校经济法课堂教学方面,现有的教改研究主要涉及:考试减少死记硬背的内容,重点考查学生灵活运用所学知识解决实际问题的能力,从结果性

评价走向过程性评价、从单一评价走向多元评价;①采用与经济法理论相适应的实践教学模式,构建多元实践教学平台,强化实践教学环节,深化实践教学方法改革;②非法学专业的经济法课程在教师配备上,应突破传统思维,体现专长性;在教材选用上,应摒弃华而不实,注重针对性;在教法设计上,应避免千篇一律,强调多样性。③　此外,学习理论的革命给经济法课堂教学改革提供理论支持。布鲁纳(J. B. Bruner)提出的"发现学习理论"(discovery learning theory),施瓦布(J. J. Schwab)提出的"探究式学习理论"(inquiry learning theory),都将知识的传授作为一种研究过程来设计,使学习者运用科学的方法处理信息,发现问题,并采用特定的方法解决问题。因此,现有的学习理论能够为课堂教学改革提供理论支持。

经济法课堂教学模式改革的目标定位为培养具有创新能力的高素质财经人才打下法律的知识基础。对教师而言,通过课堂教学改革,转变教学理念,从以教为中心的课堂教学,转变为以学为中心的课堂教学;对学生而言,通过课堂教学改革,提高学习能力,从以被动接受为中心的课堂学习,转变为以主动参与为中心的课堂学习。在全程参与、自主学习、合作研讨的课堂教学中,培养学生的创新思维和理论素养,通过打好知识和技能的基础,使之成为具有创新能力的高素质财经职业人才。

具体而言,经济法课堂教学模式改革是一项涉及教学内容、教学方法和教学评价的系统工程。

第一,教学内容的改革。传统的经济法课堂教学以教师讲授和学生识记为主,教师通过解释概念和分析法条的方式,将经济法相关基本概念和主要法律条文展示给学生,在经济法制度方面停留于内容介绍,忽视制度的运行状况,而学生通过课堂和课后的记忆实现对知识的掌握。概念、法条和制度始终是经济法教学的支撑点,因此,教学内容改革同样围绕这三个层面展开:(1)在概念方面,从侧重定义范畴到侧重背景分析。任何一个经济法概念的形成都有其特殊的背景,而这些背景知识往往以掌故逸事的方式流传下来,不为教科书所记载,但又恰恰是这种文字外的感性知识能够成为学生理解概念的捷径。尤其是对于没有法科知识背景的学生而言,通过形象化的介绍,便于其准确把握概念。(2)在法

---

① 白云伟:《对经管类专业经济法教学改革的探讨》,《职教论坛》2011年第5期。

② 李海娟等:《应用型本科经管类专业经济法课堂教学的重构》,《黑龙江教育学院学报》2013年第4期。

③ 赵美珍、刘永宝:《经济法教学改革的三个视点》,《江西理工大学学报》2008年第6期。

条方面,从侧重字面语义到侧重法理解释。任何一个经济法条文的形成都有其特殊的法理依据,而这些法理思想引领着经济法文本的制定、修改或废止,成为学生解读法条的理论基础。改革应当侧重于探讨法条背后的法理依据,提升学生的理论素养,使其摆脱对法条的死记硬背,进而改变学生关于"经济法要背很多东西"的认知。(3)在制度方面,从侧重内容介绍到侧重实效评价。任何一项经济法制度最终都要通过执法、司法和守法过程予以落实,对制度实效的分析是经济法不可或缺的教学内容。改革应当侧重于引导学生观察社会,掌握正确看待、理解和分析市场经济法治的方法,为就业提供事先的专业储备。

第二,教学方法的改革。传统的经济法课堂教学主要采用讲授方法,学生被动地参与学习容易感觉单调和枯燥,难以保证课堂质量。引入多种教学方法,使得学生能够主动参与课堂教学活动,便是改革的基本方向:(1)案例教学法。案例教学是法科教学普遍采用的方法,通过具体的案例,展现法律适用的技巧与方式。每个抽象的知识点通过具体的案例来呈现,便于学生短时间掌握,而不纠缠于枯燥的条文。(2)小组讨论法。浙江省高考考生人数呈递减趋势,师生比随之扩大,小班化课堂教学是一个必然的趋势。学生围绕教学内容所涉及的某些现象和问题进行辨析和讨论,可以促使学生积极思考,主动参与课堂活动,形成自己独特的见解和主张。(3)专业沟通法。非法学专业学生学习经济法课程的主要目的是对本专业基础知识的一个补充,因此,经济法教学不能脱离其本专业的特色,而应围绕本专业课程来调整授课内容的重点。

第三,教学评价的改革。教学评价包括对教师教学质量的评价和对学生学习质量的评价。传统的经济法课堂教学评价,对教师的评价基本缺失,对学生的评价以期末考试的方式进行。改革的方向是设计更具可操作性的评价机制,以便准确反映课堂教学质量:(1)对教师的评价,采用多主体评价机制。一方面,尊重学生对教师的评价,通过匿名问卷、书面意见和深度访谈等方式,鼓励学生参与课堂教学效果的评价,并且这种评价贯彻整个学期的教学活动,便于教师随时进行调整,以便满足学生的学习要求;另一方面,开展教师之间的评价,即采取成员之间相互听课、互相评价、经验推广等方式,科学、客观分析课堂教学的状况,共同提高教学水平。(2)对学生的评价,采用多维度评价方法。考试作为一种灵敏但机械的评价方式,容易导致学生临时抱佛脚,因此,期末考试所占比重必须下调。在小组讨论基础上的集体作业(team work)以及学生在课堂回答、课后作业上反映的学习成效将纳入评价体系,并扩大其比重。

四、财经类高校经济法课堂教学模式改革的实施

在经济法教学模式改革的具体实施过程中,有两个方面的问题应当予以重视。其一,调动已有的网络资源。从中央到地方,视频公开课、微课、慕课、翻转课堂等新型授课方式方兴未艾,财经类高校无论学校还是法学院层面,势必都参与了相关新型授课方式的试点,但这些已有的教学资源,往往评比完、建设完、结项完就搁置一边,尚未有效利用。因此,如何实现现有教学资源的整合,特别是如何把网络课堂利用起来,是经济法课堂模式改革应当回应的问题。其二,调动非法学专业学生的学习热情。非法学专业的学生对经济法学习普遍有畏难情绪,而该心态建立在对经济法误解的基础上,应帮助学生消除误解、确立信心,使其主动参与经济法教学活动。

在实施方法的选择上,财经类高校经济法课堂教学模式改革可以采用下述几种方法。第一,实证研究的方法,通过问卷、访谈等形式,收集学生对经济法课堂教学的认识和评价。教学是教授与学习互动的过程,从教授的单方面改革不足以解决问题,让学生介入、参与乃至推动改革实践,事关改革成效。第二,比较研究的方法,财经类高校的数量和层次为比较研究提供不同样本。例如,上海财经大学、中央财经大学和中南财经政法大学属于发展水平较高的几所高校,其课堂教学积累的经验具有一定参考价值;浙江财经大学与浙江工商大学具有地域、学科、规模的相似性,浙江工商大学的做法对浙江财经大学同样有较高的对比价值。第三,实验验证的方法,在不同的班级采用不同教学方法进行实验,以验证改革成效。改革是一种社会实验,平行开班为改革提供便利,有助于发现、提炼并获取改革中的先进做法。

国际法双语教学必要性及其课程设置探析

张　寒[①]

摘　要　中国愈加融入世界，涉外法律服务需求愈发旺盛，既掌握法律知识又掌握英语的国际法专业复合型人才越来越受到人们的青睐。目前我国高校法学专业都在响应教育部的要求，积极进行法律双语教学的改革。但是由于对法律双语教学的教学理论研究尚处于摸索阶段，法律教育界在双语教学课程设置的必要性和重要性、教材的选用、教学方法的改革等问题上仍存在一定的争议。笔者通过对以上几个问题的分析，从教学的角度对国际法学课程施行双语教学的必要性与实际操作做些具体的阐述。

关键词　国际法；法律双语教学；法律英语教学法

随着中国越来越与世界融为一体，我国的经济发展也汇合到世界经济的发展洪流中。外向型的经济交往迫切需要一大批既懂法律、经济又能熟练应用外语作为工作语言的复合型人才。特别是国际法学专业的学生，由于他们的知识具有涉外因素，所以，英语语言对他们来说具有特别重要的意义。

为迎接经济全球化和科技革命的挑战，教育部在 2001 年《关于加强高等学校本科教学工作提高教学质量的若干意见》（教高〔2001〕4 号）中，提出"本科教育要创造条件使用英语等外语进行公共课和专业课教学"，而且"对高新技术领域的生物技术、信息技术等专业，以及为适应我国加入 WTO 后需要的金融、法律等专业，更要先行一步，力争在三年内，外语教学课程达到所开课程的 5%—10%"。[②] 根据这一要求，许多高校开展了双语或外语教学的探索工作，取得了较好的成效。

---

①　张寒，法学博士，浙江财经大学副教授，硕士生导师。

②　中华人民共和国教育部：《关于加强高等学校本科教学工作提高教学质量的若干意见》（教高〔2001〕4 号）〔EB/OL〕. 2001 年 8 月 28 日，http://old. moe. gov. cn/publicfiles/business/htmlfiles/moe/moe_309/200412/4682. html。

本文试图就开设国际法学双语教程的必要性和重要性、法律英语的特点以及课程设计等几个方面进行粗浅的探讨,谈谈笔者对国际法学双语教学的一些看法。

一、国际法学专业双语教学的必要性和重要性

在我国,双语教学(Bilingual Education)是指高等院校的部分专业基础课和专业课同时采用两种语言(母语和英语)进行授课的一种教学方式。其目的在于使学生在掌握必要的专业知识和技能的同时,提高用外语表达专业知识的能力。对国际法学专业来讲,就是教师和学生用外语(主要是英语)对国际法学专业知识讲解和学习。开设双语教学的教学模式具有很强的现实意义:

(一)双语教学的必要性

法律英语的本身特征决定了在法律教学过程中既需要注重专业知识的传授,又需要注重法律英语的特性。

大学公共英语课程的英文材料所涉及的内容是综合性的,它包括文学、艺术、科技、人文等多方面的内容。其教学目的在于培养和巩固、提高学生的听、说、读、写、译等多种英语运用技能。法律英语是法律知识与英语语言两门学科的交叉,是它们的综合体。一方面,需要按照法律的观点、原则和方法以及法律规则、法律文书的特殊需要来研究英语在法学理论及实践中的运用;另一方面,需要充分运用英语语言的基本语法规则、语言学基本原理和方法研究法律科学和法律实践。相对公共英语来讲,法律英语更加专业化。例如:在法律英语中有大量的法律英语术语和行话。即使掌握了该术语的一般英文意思,如果不知其法律含义,也还是不能懂其准确的用法。这样的例子很多,如:garnishee——第三债务人(指代被告保管财产并接到法院扣押令于诉讼来解决期间不得处分所代管财产者)、party(党/集会——诉讼/合同当事人)、action(行动/行为——诉讼)、on the bench(坐板凳——担任法官职务)、take silk(穿丝绸——担任王室律师)等等。因此,大学公共英语课程不能代替法律英语的学习。尤其是对法学院的学生来说,学习法律英语与其所学的专业知识体系具有相辅相成、互相补充的作用,更具有专业上的实用性。

（二）双语教学的重要性

英语是国际法学本科生所应具备的专业素质和适应激烈的就业竞争的需要。

国际法学的专业知识大都涉及国际法，学生毕业后，无论直接从事法律执业活动还是继续进一步深造都需要具备与法律知识相关的英语水平。特别是随着我国加入 WTO，已有越来越多的外资进入中国，同时也有更多的中国企业走出国门，去境外投融资。法律工作者在为这些经济的发展提供法律服务时，首先应该掌握英语这门交流和沟通的工具，否则提供法律服务无从谈起。可以说，仅有法律知识和技能而不能熟练地使用英语（或其他某种外语）的人，将会在处理国际事务中遇到诸多不便，甚至还会导致一些不必要的损失。

近年来，我国律师积极适应全方位对外开放的需要，涉外法律服务业务不断拓展。目前，全国共有 26 家律师事务所，在境外 14 个国家和地区，设立了 39 家分支机构。这些律师事务所共派驻律师 78 人，聘用当地律师人数 275 人。业务领域不断拓展。据统计，2016 年，国内律师办理涉外仲裁案件 3545 件，业务收入 8774 万元，比上年增长 14.13%。[①]

然而，一个不争的事实是，目前我国的法律工作者在国内事务方面的工作很出色，但是在对外交流，与国际接轨处理国际事务方面做得很不够。究其原因，语言交流和沟通能力严重制约了他们的对外交流与发展。据司法部统计，目前 30 万中国律师中，真正能够熟练做国际法律服务业务的，全国约 3000 人，占整个律师队伍 1%。[②]

二、国际法学双语教学的课程建设分析

（一）"法律英语"的性质和地位

法律专业双语教学离不开"法律英语"。对"法律英语"范畴的界定直接影响法律英语教学目标的准确定位，而教学目标的定位将影响整个课程设计以及教

[①] 新华社：《数说我国涉外法律服务新亮点：26 家律所走出国门》，2017 年 3 月 1 日，http://news.cctv.com/2017/03/01/ARTIvzBVWxXpLqmf93SGuGeS170301.shtml.

[②] 搜狐网：《中国执业律师超 30 万，但涉外律师仅为 1%》，2017 年 10 月 23 日，https://www.sohu.com/a/199617621_399252。

学的成败。国内已有不少学者关于"法律英语"范畴的探讨,反映了其对"法律英语"性质理解上的不统一。这从国内学者编写的较有影响的教材的英文名称中可以体现出来。例如,何家弘主编的《法律英语实用教程》的英文名称为"*Legal English*",而杜金榜、张新红主编的《法律英语核心教程》的英文名称则为"*Core Course of English for Law*"。"Legal English"指向"有关法律的英语"或"跟法律相关的英语",其目的在于满足法律知识拓展的需要。而"English for Law",则指向律师、法官、法学工作者所使用的专业语言。它是一种行业用语,是一种"不同于一般语言的具有权威性和约束力的法律载体"①。其语法、词汇、语域、语篇及体裁应当是自成规矩的。它的导向在于从语言角度切入法律领域,利用语言在法律环境下达到交际的目的。它应当是英语语言在运用到法律过程中而发展起来的专供法律文化群体使用的言语范围、功能变体。也就是说,法律英语是"专门用途英语"(英译为"English for specific purposes"简称 ESP)的分支学科之一。从这个角度来说,法律英语译为"English for Law"方为恰当。

当前在许多高校开展的法律英语教学的目的在于提高学习者的英语水平,更确切地说是提高他们在法律专业领域里英语的读、听、说、写、译的能力,进而能用英语对外进行有效的专业交流。法律英语教学不仅以传授法律专业知识为目的,而且实现该目的的基础是扎实的英语功底。该门课程是用英语作为媒介来传授有关法律专业知识,即用英语来讲授有关的法律专业课程,学生通过这些课程主要获得相关的法律信息和法学知识。从性质上讲它应隶属于双语教学的范畴,本质上属法学科目,而不是英语科目。

法律英语和双语教学的关系应该是:法律英语课程的主要目的是扩展学生在本专业方面的英语词汇量,熟悉本领域的专业术语,了解科技英语的表达特点,掌握科技英语翻译的基本原则、过程以及基本的翻译技巧,培养学生阅读和翻译专业书刊文献的能力,提高阅读翻译科技文献资料的质量和速度,兼并培养学生具备一定的专业写作能力,这是专业英语教学的基本要求。所以,法律英语的内容应基本覆盖本专业的所有新技术领域,使学生不断提高阅读英语科技资料的能力,并达到能以英语为工具来获取专业所需要的信息的目标。而在双语教学中,借鉴国外双语教育成功经验和根据中国的国情,双语教学的基本目标应是通过采用两种语言作为教学媒介,帮助学生掌握某一专业领域知识。因此,在现阶段双语教学应是学科教学的延伸,应首先为学科服务。由此可见,

---

① 杜金榜:《法律语言学》,上海外语教育出版社 2004 年版,第 1 页。

法律英语与双语教学应该是基础与深化的关系——通过法律专业英语课程的教学打好基础，通过专业课的双语教学进一步提高理解和应用英语的能力。首先，两者在时间上有先有后，在内容上不可截然分离，应是相辅相成的。如果想真正推进外语的实用性教学，提高英语的应用能力，专业英语应该作为双语教学的前导和准备课程，使学生先熟悉本专业的一些基础词汇和基本文献，然后再进入双语教学阶段，这样他们在双语教学时就会轻松许多，只有这样才能培养能够完全掌握并能用外语熟练表达本专业知识和技能的高层次人才。

（二）课程开设时间

最好是将国际法学双语课程安排为必修课，至少应该是限选课。这样有助于增加学生对该课程的重视，从而增强学习的积极性和主动性。国际法学双语课程开设的时间最好是在大学三、四年级，经过两三年的专业学习，学生已有了较全面的专业基础知识且已修完大学英语，多数学生通过了英语四级，甚至六级，语言功底也较扎实，此时学习双语课程不会感到吃力，面临一至两年后的职业选择或继续深造，学生学习法律英语课程的积极性也较高，往往能达到比较满意的教学效果。

（三）师资的配备

首先，要配备专职老师，这样可以使其有充分的精力和时间投入教学，从而保证教学质量。教师的人数应该根据学生的人数确定。一般以教师和学生比为1：20较适宜。其次，应优先选择经过英语专业培训的国际法学教师主讲。国际法学专业老师一方面都接受了大学英语的系统学习（有些硕士或博士学历的老师本身本科阶段就是英语专业）；另一方面，又具备系统的法律知识，因而能够适应双语的教学。

（四）教材和相关教学辅导资料的选用

就目前我国现有的国际法双语教材出版情况看，教材的种类不多，但国际法原版教材较多，所以国际法学双语教材最好选择英语原版教材；从教材和教辅资料的题材和内容来看，应包括中外法律条文、原版外文著作、国外法庭审理与辩护、司法文书、案例分析和法院判决，等等。

（五）法律英语的教学目的和方法

国际法学双语教学的目的在于：在法律语境中使用英语，对基本的法律知识、法律英语术语、习惯用法、特定的表达方式以及英美法律工作者的法律思维模式等方面有所了解和掌握，提高学生在世界范围内与其他法律专业人员相互交流，参与涉外法律事务以及了解其他国家法律文化的能力。要求学生在掌握相关的国际法学专业知识的基础上，提高在法律环境中英语的运用能力和交际能力。

在国际法学双语教学过程中，学生可能会遇到的最大的难题是法律英语的学习和运用。所以在教学过程中，在教学方法方面，老师是指挥者，学生是实践者。教学的方式方法多种多样。

1. 对教材和教辅资料的研读法

教师应该指导学生对英文资料进行必要的研读并在此过程中加以必要的讲解。但老师讲解的重点应放在解决学生在研读时碰到的那些难以理解的部分，而不适宜对语法结构、词汇记忆等本应由公共英语解决的问题做过多的分析。教师在对资料进行讲解时，应该鼓励学生勇于提出问题，引导学生参与课堂活动。讲解的方式可以是交谈式的，从而形成互动的课堂气氛。

2. 讨论、辩论法

在学生掌握了一些基本的法律原则、规则后，他们此时一般都很想把这些知识运用于实践。这时教师可以趁热打铁地给学生提供一些经过简单化了的案例或具有争议的法律观点让学生们讨论，或者选取一些简单的案件让学生辩论。这样既有利于开启学生的思路，加深他们对法律知识的理解和把握；又有助于促进学生法律英语运用能力和英语表达能力、交际能力的提高，能够比较好地实现教学目的。

3. 案例分析法

英美法系本质上是建立在判例的基础上的。浩如烟海的判例中既蕴涵着丰富的法律原则、规则和法律思想，又集中体现了英语语言在法律领域中的运用。因而，选取经典的英美法判例进行细致讲解，不仅能够让学生了解英美法中实体规则的运用，程序规则的实现过程，还可以使学生从中领略英美法学家的丰富法律思想和法律英语语言的精妙与独到之处。解剖麻雀式的案例分析将会带来生动的教学效果，有助于学生对法律的实际运用有更加直观的认识。

　　其他可供采用的方法和手段还有很多,如情景对话、对比教学、角色扮演、观看英美法院审理案件的录像,等等。所有这些教学方法和教学手段都是为教学目的而服务的。

　　总之,国际法学双语教学是高校一项重要的教学改革,它的实施需要整个教育大环境的依托和师生的配合。由于法律英语与双语教学的相互促进关系,法律专业英语和法律专业知识在双语教学中的互动也就显得更为重要,只有处理好两者的关系,才能培养出真正适应现代国际交往的法律人才。

"设计教学法"在大学通识课教学中的创新实践[①]

——以"婚恋与法律课"为例

康莉莹[②]

摘　要　"设计教学法"[③]是克伯屈在杜威的实用主义教学基础上发展而完善的一种教学方法,该方法能有效激发学生的学习动机,训练学生自主并担当责任的能力,还能培养学生团队合作的精神。婚恋与法律通识课在教学中采用"设计教学法"开展具体的实践并取得良好的教学效果,同时也发现了一些问题并进行了创新改进。

关键词　通识课;课堂教学;设计教学法;形成性评价

通识教育是所有大学生都应该接受的非专门性教育,是一种广泛的、非专门性的、非功利性的基本知识、技能和态度的教育。通识教育的"通"不是"通才"的"通",而是"贯通"的"通",即不同学科的知识能够相互通融。婚恋与法律作为全校学生的通识教育课,始终坚守"贯通"理念,以培养学生婚恋通识技能为导向,使不同专业、不同学科的学生掌握非专业性的、非功利性的有关婚恋的基本知识、技能和态度。真正成为尊重爱、懂得爱、用心爱、珍惜爱、享受爱的人。这就要求教师在传授婚恋知识的同时,更要注重培养学生分析婚恋问题、解决婚恋问题的能力,使学生在思维、认识和学习方法上发生根本的转变。本课程利用"设计教学法",学生可以主动地发现大学生婚恋中的一些普遍问题,然后运用所学的婚恋理论及方法去尝试解决,这样可以极大地提高学生学习的兴趣和积极性。

　　① 本文发表于《新课程研究》2017 年第 9 期,为浙江省 2015 年度高等教育课堂教学改革项目"通识课课堂教学改革研究——以婚恋与法律课程为例"(项目编号 kg2015248)成果。
　　② 康莉莹,浙江财经大学法学院教授,硕士生导师。
　　③ 设计教学法,也称单元教学法,是美国著名教育家克伯屈提出来的,他秉承杜威实用主义教育理论的精华,创设出以实用主义思想为指导的一种教学方法。该教学法目的在于设想、创设一种问题的情景,让学生自己去计划去执行解决问题。

因此,在婚恋与法律通识课教学中,课程组尝试采用设计教学组织课堂教学,得到了学生的认可和积极参与,取得了较好的教学效果。

一、"设计教学法"在通识课教学中的优势

"设计教学法"创立者之一的克伯屈主张"在学生自己设计、自己负责实行的单元活动中获得有关的知识和解决实际问题的能力"[①]。在通识教学中,如果仍采用传统的讲授式教学法,尽管能比较系统地讲授有关恋爱婚姻的知识,但是让学生像上专业课一样一味去听教师讲课,去死记硬背,既不利于培养学生获得有关婚恋知识和解决实际问题的能力,又不利于发挥学生学习的主观能动性,可能学生是学到了或背了一些婚恋理论知识,但却没有培养学生的婚恋贯通技能和态度,没有实现通识教育的目的。

婚恋与法律通识课采用"设计教学法",以大学校园婚恋生活中遇到的实际问题为背景,由学生去拟定学习计划与内容,而后运用相关问题的基本原理和具体材料,采用问卷、微视频采访等现代手段,从实际活动当中去完成解决问题。引导学生进行思考、总结、分析与互相讨论,即从一个实际问题出发,来讨论分析如何解决这个问题。每个问题的解决基本上是通过"问题的提出→拟定学习调研计划、方案→调研采访、分析研讨→小组观点、结论与进一步思考→课堂展示"等几个过程。与传统的教学法相比,"设计教学法"有以下几方面的优势:

(一)有助于倡导从学生的需要与发展出发的理念

发挥婚恋与大学生生活密切相关的优势,以发生在学生身边的与婚恋密切相关的选题为突破口,激发学生的学习兴趣和创新意识,促使学生积极主动地学习,使获得婚恋知识和技能的过程成为学生们理解、掌握婚恋知识和逐渐形成正确的婚恋观的过程。

(二)有助于发挥通识教学以学生为课堂主体的作用

婚恋与法律课堂教学以学生婚恋心理为依据,以学生课堂参与为主体,从选题的选定、计划的设计、任务的实施以及结果的检验评价,学生全过程参与,充分

---

① 谢麒:《设计教学法探究——刍议后教育时代的广义设计教学法》,《扬州大学学报》(高教研究版)2015年第6期。

展现学生是课堂的主体,担负主要的学习责任,训练学生的担当责任和解决问题的能力。可见在通识课堂教学中应用设计教学法是十分必要和可行的。

(三)有助于培养学生探究式学习和动手的能力

探究式学习能力的培养,需要在大学阶段养成,可以使学习者受益终生。"设计教学法"要求整个设计教学过程都是由学生自主设计、亲自实施动手。其间学生既动脑又动手,这样大大提高了学生收集遴选、分析处理资料的能力以及发现问题、探究问题的能力。

(四)有助于培养学生的团队精神

"设计教学法"要求学生以小组为单位,每个小组不超过 10 人。课程组在教学过程中发现,各小组成员对设计教学积极性很高,大家齐心协力,分工合作,共同完成多个设计作业(word 文字稿、ppt 演讲稿以及调查问卷、采访视频四份资料)。学生的体会是:设计教学活动能调动学生主动研究问题的兴趣,尤其是团队成员的合作,能相互提供信息,相互切磋问题,共商研究目标,同享研究成果的乐趣。

二、"设计教学法"在婚恋与法律课堂教学中的创新实践

设计教学是一种有目的、有计划、有实际活动的教学方式。必须设想、创建一种问题情景,让学生自己去计划、执行,去解决问题。具体来说,就是进行设计教学活动时,一定要先设立一个或多个实际的婚恋问题,然后由学生去拟定学习计划与内容,再运用有关的具体婚恋知识材料,通过一些采访、问卷等实际活动,去完成和解决问题。具体来说婚恋与法律采用设计教学法,在实践上有以下创新点。

(一)选定设计教学的选题

设计教学是一种有目的的活动,学生对于所进行的活动,一定要有明确的目的和强烈的愿望,这种活动才算是设计活动。婚恋与法律通识课的目的是"贯通"婚恋理念,使不同专业、不同学科的学生掌握非专业性的、非功利性的有关婚恋的基本知识、技能和态度。因此,"设计教学法"的第一步,激发学生思考或解决某种问题的需求和愿望,引起学生的兴趣,学生才会专心致志地去实行。

一个设计教学的选题,可以由学生自己决定,也可以由教师提出,学生采纳。课程组教师结合婚恋教学内容,精心提炼出与学生婚恋生活密切相关的数十个婚恋前沿热点问题,比如如何让爱情保温?与初恋结婚有何利弊?不同视角下如何看彩礼?你会选择同居生活吗?涉外婚姻有何利弊?你能接受异地恋与异地婚吗?如何认识对待网络恋与网络婚?观点对对碰:老少婚、大学师生恋应不应该被禁止?你周围的人能接受同性婚吗?如何认识无性恋与无性婚的认知?如何对待失恋?离婚一定不幸吗?等等。可以说,这些问题是所有的大学生共同感兴趣的、在未来的个人婚恋生活中极容易碰到的问题。因此这些婚恋疑问,极大地激发了学生研究婚恋问题的兴趣。选题一布置,各组学生踊跃地争抢选题,积极努力地把解决以上婚恋问题作为一个设计活动来学习。

(二)拟定设计教学计划

"设计教学法"的第二步,由学生针对本小组所选选题自由拟定学习计划与内容。具体设计计划包括:选题——与选题有关的收集、整理内容——时间进度分配——采取的研究方法——具体的研究步骤——遇到的问题和解决办法——合作研究(组合设计)成员的项目分工等,都要一一列出,加以说明。教学设计的计划应当让学生自己去做,使他们从多次思考练习中养成制定计划的能力。教师要对学生进行相应指导,教师的指导可以是随即的、针对个性的且到位的。比如有的小组成员的文字功底差一些,就着重指导文档的写作、总结;有的小组问卷调查缺乏针对性,就指导学生如何做出有针对性反映选题要求的调查问卷,等等,使学生所拟计划切实可行,并获得成效。

(三)落实设计教学计划

学生拟定的学习计划与内容设计好后,即开始全面落实计划。婚恋与法律课具体的落实方案是:运用与选题相关的具体材料(包括与本选题有关的基本原理、基本知识等),通过设计问卷调查、视频采访各种人群等手段,反映对待该问题的不同观点并阐述理由,从实际活动当中去解决问题,得出答案。通过学生的直接经验得出答案,不受老师间接经验的干扰,获得不同的真实的婚恋感受,以指导未来学生的婚恋生活。

教师在学生的落实计划活动中,主要充当指导、鼓励和协助、监督的角色,但绝不能代替学生去做。如教师可以向学生提供指导性的材料,包括一些权威数据及专家学者的观点,对学生查资料起引导作用。在学生实施计划的过程中,教师应严格要求,监督整个实施过程;要时时鼓励学生,及时答复学生提出的疑难问题,以免学生遇到困难而灰心;实时跟进提醒学生,设定一些时间节点,使学生明确每一步要完成的工作,这是决定学生设计作品能否成功的关键。

(四)展示设计教学结果

学生完成了设计教学所有任务后,结合课堂教学主题,每组将所有设计教学成果(word 文字稿、ppt 演讲稿以及调查问卷、采访视频资料)在课堂上进行展示。每组选出学生代表将 ppt 内容进行演讲,并可提出本小组在设计教学过程中遇到的难以解决的问题,留待日后继续研究或老师解答。听课同学也可以提出疑难问题,先由演讲同学负责答疑或留待老师解答。

(五)评价设计教学结果

当学生设计教学活动圆满完成时,要对设计制作作品予以评价。教师制定评价标准,每组选出一位同学与任课老师一起组成评分小组,老师指导学生应用评价标准,使学生养成客观评价的习惯。评分规则为每位评价人 75 分起评,去掉一个最高分,去掉一个最低分,除以人数(减掉两人),每组取平均分,为本组最终成绩。评价标准强调下列各点:教学设计实施时是否依照预定计划? 预定设计内容有没有实现? 从设计活动中学到了什么(收获)? 计划和实施过程存在哪些不足? 以后的教学设计活动应怎样改进? 最后,教师对学生的设计教学活动进行点评,点评以鼓励为主,目的是激发学生参与设计教学活动的兴趣,以引起学生从事设计教学活动的愿望。

三、"设计教学法"在实践中遭遇的问题

通过"设计教学法"的尝试和应用,课程组普遍感到"设计教学法"注重实际,能激发学生的学习兴趣,有利于培养学生解决实际问题的能力,通过一个个教学设计活动,学生都能获得解决一个婚恋实际问题的完整经验。但通过几轮该教学方法的实践,也遇到了一些问题,突出地表现在以下几个方面。

(一)个别学生习惯传统的教学模式,不擅长亲力亲为

传统的教师讲、学生听的灌输式课堂教学模式,致使大学课堂有的学生上课只愿意带耳朵来听,不愿动脑、动手。在学生对婚恋与法律课堂教学反馈的信息

中,有极个别学生直接说:"这门课要求学生设计方案等,不喜欢!"

(二)课堂内完成设计教学难以实现

按照威廉·赫德·克伯屈定义的"设计教学法",整个教学过程要在课堂内完成,让学生在课堂上自己决定设计目的、拟订目标、完成计划,可以说两课时的课堂时间根本无法完成基本的设计教学任务,课堂教学效果反而不理想。加之现有的学校对课堂授课内容要求必须严格按教学大纲安排,所以,整个设计教学要在课堂内完成难以突破。

(三)"设计教学法"实施过程可控性难度高

由于设计教学活动强调学生自主学习的积极性,一般教师极少干预学生的学习过程。尤其是课外的调研、采访等环节,学生是否按分工要求人人参与了具体的工作,是否有浑水摸鱼的情况,甚至极个别学生不与团队合作做与设计活动无关的事情,除非团队负责人反映,否则难以发现。

(四)教学设施、条件不匹配,难以胜任

课堂教学设备配套服务需要及时跟上,一旦电脑死机、网络课堂上不去等情况发生,则会严重影响设计教学的效果。

四、"设计教学法"改进举措

为克服设计教学活动中存在的以上问题,婚恋与法律课程组在实施过程中,尝试在以下几方面进行改进和完善。

(一)加强教师与学生之间的沟通,充分尊重学生的选择

教师与学生、学生与学生之间的相互了解和沟通是设计教学活动的开端,为了使设计教学活动顺利进行,在进行设计教学之前,教师尽可能了解学生的婚恋知识基础,以及对该课程的学习需求,然后根据学生的具体情况提出设计教学要求。比如有学生有异地恋经历的就让该小组选择异地恋话题,有的学生有失恋经历的则该小组选择失恋话题,当学生联系自己的切身体会上讲台声情并茂地现身说法时,受到台下学生的热烈掌声和鼓励喝彩!同时结合大学生熟悉互联网、微信等现代技术手段的特点,发挥学生运用现代技术特长,布置学生采用微

视频等手段完成采访、问卷等，受到学生的欢迎。

（二）根据课程特点对设计教学进行必要的改革和调整

在实际教学中，婚恋与法律没有完全照搬威廉·赫德·克伯屈定义的"设计教学法"，而是进行了一定改革和创新。将"设计教学法"分成课外、课内两个阶段来完成。课外要求学生主要完成问卷、视频采访、撰写文稿等过程；课堂主要完成成果展示及成果评价等过程，这样就可以取得比较好的设计教学效果。也可以实现学生课内、课外全过程参与课堂教学。

（三）加强对教学法实施过程的监管和控制

婚恋与法律课程主要从以下三方面对实施过程加强监管。一是固定小组成员。学生10人左右自由搭配组成学习小组，选出组长，明确分工，建立微信群，方便教师和学生、学生和学生之间联系沟通。二是明确学生设计教学的书面要求，规定各时间节点要完成的具体工作，使学生做到心中有数，不能讨价还价。三是在学生课堂展示研究成果时提一些与设计过程有关的问题，了解学生真实的合作过程，同时在考核评价的成绩中，将学生是否分工合作、是否共同完成教学设计成果作为一个考核点计入成绩，体现有效的学习团队和学习效果。

（四）学校加强课堂教学改革的现代技术条件保障

包括课堂现代教学硬件设备，网络课堂建设通过更新、升级等方式利于通识课课堂教学改革，为教学改革提供有效的条件保障。

第三编

法学教育其他主题

对法学本科教育培养模式的思考

钱叶芳①

摘　要　法学教育的目标应当有层次性。首先,主要目标是培养通用型法律人才,这从狭义上理解就是让法科毕业生在非法律职业外能顺利地找到自己的位置。如何让法科生的未来生存有保证是一个根本的问题。其次,在每年的众多毕业生中,有部分具备一定的科研能力和专业基础的学生,我们应该为其提供成为未来法律精英的机会。为实现这样的目标,需要在课程设置上恰当处理通识教育与专业教育之间的关系,并注重大一课程设置对未来四年的引导作用和专业课设置的实效性。

关键词　法学本科;培养目标;课程设置

法学专业本科课程的设置是为了实现法学教育的培养目标,并尽可能实现法科生的就业愿望。本文拟从法学专业本科教育的培养目标和法学专业课程设置的相互关系出发,探讨法学专业课程设置改革的必要性,提出课程体系的再构建设想。

一、法学本科教育培养目标的选择

我国的法学教育在教育理念、培养目标、课程设置、教学手段、师资配备、选拔机制等方面都存在很大的问题,培养出来的法科生整体素质偏低,就业前景暗淡。近年来,我国法学教育界接连召开了多次全国性的学术研讨会,对法学本科教育的培养目标形成了三种鲜明的观点:(1)精英说。即将我国的法学教育目标定位为法律精英教育,认为法学教育在于培养具有高度经验理性、职业道德和职业品格的法律人才。如有学者提出,我国学院式法学教育应借鉴国外如日本的

---

① 钱叶芳,法学硕士,浙江财经大学法学院教授,硕士生导师。

"法律职业精英"模式,在法学教育上侧重精英教育。原因在于,一方面,精英教育是作为高度经验理性的法治的需要;另一方面,法律职业者作为"产品"要有众多的知识,更需要高尚的职业道德和职业品格。(2)职业教育说。即我国的法学教育目标应当定位在培养适应社会经济、政治、文化等各方面发展要求的职业法律人才。法学教育的最终目的在于对有志于从事法律实务的人进行科学且严格的职业训练,使他们掌握法律的实践技能及操作技巧,能够娴熟地处理社会当中各种错综复杂的矛盾。因此,法学教育的使命在于进行职业教育或者说在于进行职业训练。(3)通识说。有学者指出,具有高尚的职业道德是培养法律人才的首要价值标准。平等、公正、正义的民主思想应当是法律人才职业道德品质的应有内容。法学教育作为现代普通大学教育的一部分,其所提供的应当是一种通识教育。① 笔者认为,此三种学说对于法学本科教育来说皆有偏颇之处。国外经验表明,需要经历通识教育、专业教育、职业训练、资格考试等不同的阶段才能培养出具有高度经验理性、职业道德和职业品格的法律精英,是个身心都需锤炼的长期过程,如日本学生从进入大学法学院到取得律师资格,一般要花 8 年的时间。② 而我国法学本科阶段的学生来源于一年一度的高等教育考试,也没有经过法学院组织的单独考试,用 4 年的学习时间将其精英化的期望太高。职业教育说强调在本科阶段着重于职业培训,只能培养出一群知其然而不知其所以然的学生,而法律职业者必须是社会精英,特别是法官,既是整个社会正义的化身,也是社会正义最后的救济者,这正是西方各国对法律职业者、特别是对法官的道德及个人修养要求远远高于其他官员的原因所在,也是法官与牧师、医师如此受人尊重的原因所在。③ 通识教育说强调通才的培养,殊不知法学是一门博大精深的学问,必须在本科阶段打下坚实的法学专业基础,才有进一步锻造为法律精英的可能。

笔者认为,我国法学教育的培养目标应分高中低三个层次。高级目标是培养精英型法律人才,包括取得法学学士学位或同等学历后经过研究生阶段深造的研究型法学人才和取得相应学位后经过司法考试和严格职业训练的应用型法律人才。中级目标是培养"基础扎实、专业面宽、心理素质高和适应能力强的能

---

① 苑敏:《论法学教育的目标定位及其实现途径》,《工会论坛》(山东省工会管理干部学院学报)2010年第 2 期。

② 张思宇:《日本律师的职业教育与职业选择》,载《法制日报》2007 年 9 月 23 日,第 8 版。

③ 参见谢晖:《高等法学教育目标:精英还是大众?》,载《法学教育:比较与省思——现代法学教育论坛文集》(2001 年 8 月)。

够从事与法律有关的实际工作和具有法学研究的初步能力的通用法律人才"①。低级目标是培养法律意识强、法律基础知识全面的合格公民。目标分层的理由在于：(1)法治的实现需要一批具有法律职业训练，并忠诚、信仰法律之士。这就需要从法治的设计者(法律哲学家、政治家)、创立者(具有政治智慧、哲学头脑和法律训练的议员)们开始，并以法治的守护者(法律职业者，特别是法官)对法律的娴熟和诚信为保障。② 中国目前正缺少这样的法律精英。张文显教授也说："全球化背景下，在法律越来越专业化、技术化、信息化的法治社会，高级法律人才稀缺成为突出矛盾。我们缺乏懂软件、懂网络、懂生物技术知识的法律人才，缺乏知识产权专家，更缺乏胜任法律全球化需要的人才。"(2)在全球化的时代，我国市场机制的完善和国人对法治的渴求不仅需要国家机关的工作人员都具备相应的执法素质，而且各类企事业单位和社会团体都需要大量有能力处理与法律有关的事务的法律通才，这是未通过司法考试式精英选拔的法科生发挥专长的领域。另外，"基础扎实、专业面宽、心理素质高和适应能力强"的素质培养也是为了照顾大部分不从事与法律相关职业的法科毕业生择业的需要。(3)法治理想的实现同样需要全体公民都执法、守法，甚至把法律作为一种生活需要和信仰。我国公民法律意识淡薄，法律知识贫乏的状况急需改变。目前国家的普法教育不够深入，高校的公共课法律基础课程与思想道德修养课程合并后较之合并前更加摆设化，法学教育应当而且可以为提高国民法治意识做出贡献。

　　然而，要使法学教育三层次培养目标由可能变为现实，却需要内外因素的综合作用。法学教育的外部环境主要指是政治制度和社会风气。如果不改变官本位的恶习，再彻底的法律实证主义也具有助纣为虐的危险性，再热血的纯洁也会被物欲社会所污染，再完善的教育体制恐怕培养的多是玩弄法律的伪法人，而不是忠于法律并为之献身的信徒。在内因上，需要将现行法学教育体制去形式化、去功利化、去粗糙化，这需要在课程设置、师资素质、教学方法和选拔方式上做细致的改革。比如法学院系设置的全校公共必修课、本科素质教育通选课应该借鉴国外的先进经验在课程搭配、教学方法和考核方法等方面保证通识教育真正得到贯彻；设立专门的职业训练课程并延长实习时间。有学者认为，有的大学就是培养精英型学术型人才，本科生大部分都升研究生，那就可以在本科阶段搞通

---

① 曾宪义、张文显：《中国法学专业教育教学改革与发展战略研究》，高等教育出版社2002年9月版，第14页。

② 参见谢晖：《高等法学教育目标：精英还是大众?》，载《法学教育：比较与省思——现代法学教育论坛文集》2001年8月。

识教育;而一般院校如果只是培养一线的应用型人才,实行通识教育就不现实。①笔者认为,法学不同于其他学科,其关涉着国家的管理方式和社会正义的实现,因而无论是重点院校还是一般院校,全日制本科教育阶段的通识教育都应当进行,对将从事法律职业的法科生来说,这是素质要求,对不从事法律职业的法科生来说,这是就业需要。

总之,法学教育最关键的阶段是法学本科教育,其所培养的应该是有良好的职业道德,基础扎实、专业面宽、心理素质好和适应能力强的,能够从事与法律有关的实际工作和具有初步研究能力的通用法律人才。当然,高校的培养模式不能再像过去那样搞一刀切,应根据学校自身的传统特色与优势和社会需求在培养目标和课程设置方面有所侧重。师资力量雄厚、生源优秀的法学院系在未来精英型法律人才的培养方面更具优势,而师资力量较为薄弱、生源较差的法学院系尤其是独立学院更应该关注所培养法学毕业生的就业出路。

二、通识教育与专业教育之间关系的处理

目前,全国法学专业毕业生的整体就业状况是:进入公检法的比例越来越低,从事本行的越来越少,这已经成为法学专业就业难的最显著特点;企业已经成为法学专业毕业生就业的重要增长点;临时就业、不就业、假就业现象多。②因此,如何让法科生的未来生存有保证是一个根本的问题。其次,在每年的众多毕业生中,有部分具备一定的科研能力和专业基础的学生,我们应该为其提供成为未来法律精英的机会。为实现这样的目标,首先需要在课程设置上恰当处理通识教育与专业教育之间的关系

(一)我国高等院校通识教育课程设置模式

我国高等院校通识教育课程的类别可分为"公共必修课"和"公共选修课"两种。公共必修课指全校学生都必须修习的课程,这些课程一般全校统一要求并进行统一考核,主要包括中国近现代史纲要、思想道德修养与法律基础、马克思主义基本原理、毛泽东思想、邓小平理论和"三个代表"重要思想、当代世界经济

---

① 参见谷家恒:《中俄校长论通识教育 高校培养模式不能一刀切》,载新华网,2016 年 9 月 17 日,http://www.libedu.cn/newsdw/ze.html。

② 参见陈虹伟、袁定波、孙铭溪:《法学专业热招生冷就业现象调查》,载《法制日报》2007 年 2 月 4 号,第 14 版。

与政治、大学语文、大学写作、大学英语、体育、高等数学、计算机基础等课程。公共选修课即由学校组织开设的面向各专业学生选读的课程,旨在改善学生知识结构,提高文化素养,强化技能训练,拓宽知识面,发展学生多方面智能。学生可根据个人特长、兴趣、基础和每学期开课计划在全校范围内自由选修,尽可能发挥学生个性和多方面才能。在通识教育的实践中,最常见的做法是文科生学点理工科常识、理工科学生学点文科的知识。

这种分类与中学教育的文理分科有关。分科之后,高考科目被视为主科,属于重中之重,非高考科目则是副科,无足轻重;文理科都无须考试的科目,几乎被看作零。其中,语数外是绝对的第一集团,其次是物理、化学、历史、地理等,音体美则是可以忽略的。学生带着这种畸形的知识结构进入大学,通识教育弥补的程度是有限的。目前各地进行高考制度改革,文理分科现象将得到一定程度的改善,但多年来中学教育体制带来的影响在短期内难以消除。如何在现有的教育体制下发挥通识教育的最大功效是法学教育中的一大课题,因为法学不是孤立的学问,它需要其他学科的知识做铺垫。

(二)通识教育与专业教育的关系

注重全人教育的通识教育在西方国家是成功的,但是在中国背景下实行通识教育有很多障碍。其中最大的障碍是社会对人才需求的职业导向,这主导高校人才培养的目标。中国高校通识教育主要还是一种"人力"教育,较为强调通识教育的实用价值与功利目的,表现在课程设置上的特点是通识教育时间短(一般为一年甚至半年),开设课程少并且课程的实效性差。在诸多优质高校的竞争压力下,一些地方院校要想培养出在毕业后一段时间内符合市场要求的特色人才,必然要注重专业教育,而压缩通识教育的时间。但是,从人才发展的长远目标看,通识教育必不可少。这就形成了矛盾。可行的解决方法是将通识教育贯彻在专业教育的目标中,在课程设置上,通识教育的课程宜直接为专业教育服务,即在要求学生都有所涉猎的人文、社会、自然科学领域,选择跟法学关系最为密切的课程来设置,侧重与法学交叉的学科,如经济学、社会学、政治学、哲学等。比如,开设经济学入门课程,既拓宽了学生的知识面,又有助于学生充分理解相关的法学课程;而开设逻辑学则有助于学生形成缜密的思维。

这就要求对现行的公共必修课和公共选修课进行改革。尤其是公共必修课,很多的内容和中学阶段所开设的课程重复,占用了法学专业一年级学生大量的时间,应当予以变通。公共必修课程除了保留原有的马克思主义基本原理、毛泽东思想、邓小平理论和"三个代表"、大学英语、体育、计算机基础外,根据依法治国的要求,可以用中国法制史替换中国近现代史纲要,用职业道德课和法律基础课替换思想道德修养与法律基础,以经济学和政治学基本原理替换当代世界经济与政治,以文书写作和逻辑学替换大学语文和大学写作。公共选修课分人文、社会、自然科学领域三大领域,将数学纳入选修课程。

总之,法学专业课程设置总的原则是将通识教育和专业教育紧密结合,强化与法学交叉的学科和法学背景学科的教育,使学生大学四年内有充分的时间学习专业基础课程,掌握解决实际法律问题所必需的技能,同时培养学生从事非法律职业的综合素质。

三、法学专业大学一年级课程设置建议

目前,一般法学部本科阶段一年级平台教育的缺陷在于:⑴学生空闲时间多。笔者在法学专业的学生中做了一次调查,发放问卷 110 份,收回有效问卷 100 份,其中大多数同学认为大一一年的时间被浪费了。⑵所开课程都是必修课,局限于政治、文学、英语、数学、计算机、体育和法学概论等方面,学生所修范围狭窄,没有选择余地,不能达到通识教育的目的,也不能在一年级时让学生产生明确的专业目标和对未来职业的兴趣。⑶没有让学生充分地认识到所开设课程的重要性,比如学好英语对考研和就业的重要性、学好政治对考研的重要性等等,导致学生认为大一开设的课程用处不大,要求从一开始就学习专业课,功利心理错位。笔者认为,大一的课程设置非常重要,做如下建议。

(一)必修类

除马克思主义基本原理、毛泽东思想、邓小平理论和"三个代表"重要思想、英语、计算机、体育等公共必修课程外,建议开设与法律密切相关的基础课程如社会学、经济学、政治学、逻辑学等为必修课程,既可以使学生了解并掌握法律运作的相关背景,又可以拓宽知识面以备未来就业。

(二)选修课

现有的其他必修课程如高等数学、大学语文、文学、当代世界经济和政治、形势与政策等可设置为选修,并增加选修课程,分为人文、社科、自然科学三大类,要求学生在每一分类中修满规定的学分,既照顾到学生的兴趣和能力,也可以达到通识教育的目的。

(三)思想道德修养与法律基础

这门课程对本科生的专业培养用处都不大。一是因为这门课程中的法律基础部分基本不上;二是这门课程的实效性和社会大环境密切相关;三是这门课程与中小学课程重复。不如将有限的课时安排给其他课程,或将整个课程一分为二,开设为职业道德课和法律基础课。

(四)开设与未来生涯规划有关的专题讲座

开设与未来生涯规划有关的专题讲座,如研究生考试、公务员考试、司法考试、学习方法、就业形势与政策等,使大一新生认识到未来的生存状态,提高其危机意识,一旦他们在大一松懈下来,养成了不良的学习习惯,就很难在大学四年的学习中有所收获。

试论新环境下法学教育的内涵与结构

朱晶晶①

摘　要　信息时代中技术力量的扩大、高等教育模式的转变、法学专业内容的拓展，以及法律知识的更新构成了法学教育的新环境。在此环境下，应对法学教育的内涵进行重新定义。具体可从对象、内容和方式三个方面出发，将其定义为一种面向但不限于法学专业学生，通过基础知识教授与实践能力应用手段，兼顾法律知识普及与专业技能培养，以最新法律体系和法学研究为内容的教育。对法学教育新内涵的落实，可通过对法学专业中课程设置结构的重组展开。该重组可分为三个层级：第一层级是区分专业课程与非专业课程，第二层级是在专业课程中区分基础课程与非基础课程，第三层级则是在非基础课程中区分理论课程与实践课程。

关键词　法学教育；新环境；法学教育内涵；课程设置

回首党的十一届三中全会提出"有法可依，有法必依，执法必严，违法必究"的法制建设方针，到八届全国人大四次会议首次提出"依法治国"方略，到第十一届全国人大四次会议第二次全体会议上宣布"中国特色社会主义法律体系已经形成"，再到当前正在进行的民法典编纂工作，我国的法律规范和法治状况都发生了根本性转变。相应的，对法律人才的需求亦逐步增强和提高，法律人才的培养工作显得愈发重要。历史地看，我国法学教育实质上也一路崎岖：从 1952 年院系调整到 1977 年法学专业恢复招生，进行法律硕士专业学位教育试点和建设高水平大学改革，再到 2006 年法律硕士专业学位试点结束并进入正规化，确立法律职业教育的基本样态，大致经历了三次转型。②　就时间跨度而言，目前我国的法学教育应处于第三次转型后的发展阶段。然而，由于全面建成小康社会决

---

① 朱晶晶，法学博士，浙江财经大学法学院讲师。
② 参见易继明：《中国法学教育的三次转型》，《环球法律评论》2011 年第 3 期。

胜阶段的到来,"对高等教育的需求比任何时候都更加迫切,对科学知识和卓越人才的渴求比以往任何时候都更加强烈"①;加之社会各种新情况的层出不穷,眼下发展阶段中的法学教育将面临新一轮的形塑。

一、法学教育新环境的生成

不可否认,在经历了数十载的变革和发展之后,我国的法学教育已然逐步走向成熟。但无论是法学专业,还是教育事业本身,都从来不是一成不变的事物。它们会随着时代与社会的变化而变化。这一系列变化就构成了本文所指的"新环境"。从不同的角度出发,生成此种新环境的有机组成部分可以分为以下几类。

其一,社会形态层面。随着农业时代与工业时代的衰落,人类社会已经向信息化时代过渡。在当前的信息社会里,智能逐渐取代体能与机械能成为生产力发展的主要推手之一。其中,计算机应用与互联网技术的普及和提升进一步改变了民众的生活状态、拓展了人们的日常视野。近几年来,大数据与人工智能作为典型代表正被应用于多个领域。对于在教育,尤其是在高等教育领域引入此类技术力量已经引起相关学者一定程度的关注,②具体包括整合信息资源、实现教育信息共享、分析高校教育管理、构建智慧校园等。在相同的环境中,法学教育显然无法置身事外。为应对此,一些有远见的政法类院校以及其他高校中的法学院已经陆续开始结合当前迅速发展的大数据和人工智能,尝试以新技术解决法学教育模式、教学手段上存在的一些陈年顽疾,以改进法学教育的现状。③

其二,教育领域层面。高等教育大众化阶段的到来,使高校仅在数量、规模以及级别等形式层面上的升格已无法满足当前的需求。相应的,民众对教育发展模式的转变,教育结构的优化以及教育定位的明确等有关高等教育内涵方面的追求显得更为迫切。这也促使各种教育改革措施不断出台。其中,对法学教育而言,有两点内容是值得关注的。第一,"大类招生、分流培养"模式对法学人

---

① 习近平:《在全国高校思想政治工作会议上的讲话》,《人民日报》2016 年 12 月 7 日,第 1 版。

② 如,黄震:《大数据对高校教育管理的影响及对策》,《黑龙江教育学院学报》2018 年第 6 期,第 4－6 页;曹晓明:《"智能＋"校园:教育信息化 2.0 视域下的学校发展新样态》,《远程教育杂志》2018 年第 4 期,第 57－68 页;宋巍:《大数据背景下的教育管理创新分析》,《教育现代化》2018 年第 20 期,第 298－299 页。

③ 搜狐网:《当教育遇上大数据——教育数据引擎实践复合型人才培养》,2018 年 6 月 28 日,http://www.enet.com.cn/article/2018/0628/A20180628049972.html。

才培养的利弊问题。虽然该模式在若干年前就开始在几所重点大学获得实践，现在也处于不断普及的状态；但法学作为一门兼具人文与社科特性的学科，在这一潮流下是否能够发挥出其优势仍有待探究。在培养几届学生后，现在正是对该培养模式的成效进行总结分析的时候。得出的结论将会为那些尚未采取大类培养的院校提供值得借鉴的经验，从而成为之后法学教育的新风标。第二，《国家中长期教育改革和发展规划纲要（2010－2020）》①所限定的战略期限已经快要到来，接下去将是另一个回顾过往、展望未来的时期。法学教育同样应当把握住时机，表达出自己的诉求。

其三，法学专业层面。如今，新生事物随处可见、随时而生。它们除了构成高等教育的社会背景和环境之外，很多时候已经深入到更具体的教育领域中去，成为其不可分割的一部分。也正因此，现在的法学专业不再纯粹是法学理论、法律条文、法律逻辑等常规内容的传授，而是逐步体现出更为复杂的面向。与法学紧密相连的新兴学科和交叉学科正在不断形成。其中，新兴学科是在面对新问题时，以新的研究思路、研究范式和研究方法展开的学科类型；交叉学科则是法学与其他学科在研究对象、研究方法等层面进行交叉形成的学科类型。② 此外，值得一提的是法学专业对复合型人才的需求的持续升级。尤其是法律人工智能的发展要有"既懂技术又知晓法律的复合型人才作为支撑"③。而就我国目前的状况来看，该类人才尚不充足，甚至在未来的很长一段时间里仍然可能相当匮乏。这是当下法学教育应当着力解决的问题之一。

其四，法律知识层面。不仅法学教育的外部环境在不断变化，法律知识内部本身也发生了翻新。这一翻新主要表现在我国法律体系和法学研究的逐步完善上。如十八届四中全会提出编纂民法典的立法任务。时至今日《民法总则》已经正式实施，其他分编亦将陆续出台。这对民法体系而言，是一种结构上的再整合。再如对新型（兴）权利研究的兴起。这是针对"自1978年以来我国社会逐渐出现的权利的各种'新'现象和'新'样态"④的探析。再如跨领域法学的提出，这是"以问题为导向，以特定经济社会领域全部与法律有关的现象为研究对象，融

---

① 参见国家中长期教育改革和发展规划纲要工作小组办公室：《国家中长期教育改革和发展规划纲要（2010－2020年）》，2010年7月29日，http://old.moe.gov.cn/publicfiles/business/htmlfiles/moe/info_list/201407/xxgk_171904.html.

② 蔡立东：《加快构建中国特色法学学科体系》，载《中国大学教育》2017年第5期。

③ 左卫民：《关于法律人工智能在中国运用前景的若干思考》，《清华法学》2018年第2期。

④ 姚建宗：《新兴权利论纲》，《法制与社会发展》2010年第2期。

经济学、政治学和社会学等多种研究范式于一体的交叉性、开放性、应用性和整合性的新型法学学科体系、学术体系和话语体系"①。这些都将要求法学教育进行适当地扩容。

二、法学教育内涵的再定义

随着新环境的生成,当今法学教育的内涵也应当发生相应变化,以满足各种新生的需求。就本质上而言,这种变化可以看作是对法学教育内涵的再定义。若进一步对其进行剖析,可从对象、内容以及方式三个方面展开。

首先,是法学教育对象的变迁。纵观有关法学教育的论著不难发现,大多围绕如何培养专业法科生的逻辑展开。所涉及的内容包括法学教育的性质、法学课程的设置、法学知识的传授等,②几乎不见对法学教育对象的讨论,似乎已经将法学教育的内涵理所当然地限定在法学专业的学生之中。诚然,专业的法科生从来都是法学教育面对的核心受众,但在法治国家建设已经成为发展必经之路的当今社会里,法律也已经从最初被少数人掌握的神秘状态进化为一种普及性的知识体系。前述新环境中信息化时代的到来与高等教育大众化进一步加强了这种普及化的趋势。无论是日常生活还是新生事物无不贯彻着遵循法治的基本要求。这使得仅为专业人士提供法律教育显得过于狭隘。虽然在落实依法治国的过程中,我国的普法工作得到了极大的完善,民众的法律素养有了显著的提高。但这毕竟是一种针对人均法律知识水平有限这一现状的弥补性举措。无论是广度深度还是功效方面,都会受到相当的局限,难以从根本上解决问题。从长期图景的建构而言,最为稳妥的方式应当是将法律知识的普及融入一般的教育中去,通过正规的教育手段和教育过程来一代代深化人们对法律的了解,甚至是掌握和应用。这种教育可以从义务教育中逐步展开,并在高等教育中得到最终强化。这一思路实质上就已经对法学教育的对象进行了扩容。另外,尤其值得强调的是,高等教育阶段的法学教育不再是法学专业学生的专利,可逐步为所有

---

① 刘剑文:《论领域法学:一种立足新型交叉领域的法学研究范式》,《政法论丛》第5期。
② 如邓建鹏:《应用型法学人才的实践能力及实现途径》,《当代法学》2012年6期;肖富群:《法学类本科生"五种能力"培养的教改实践及模式建构——基于广西师范大学法学院"十二五"期间的教改经验》,《广西警察学院学报》2017年第2期。

专业的学生设置相应的法律课程。当前赋予学生更大专业自主选择权的大类培养①与注重培养学生全面素质的通识教育也为该方案的实现提供了有利条件。由此可见,法学教育对象的变迁是新环境影响下的必然结果。

其次,是法学教育内容的扩张。依循时间线,可以得出一个显而易见的规律:从古至今,各国或地区的法律几乎都在不断地完善。其中,完善的标志之一是法律部门的建立与法律条文的充实:原来的"诸法合一、民刑不分"已经蜕化为行政法、民法、刑法等法律部门相并列;最具代表性的成文法典《汉谟拉比法典》不满300个条文,这规模现在可能仅是民法典某一分编的容量。这些现象带来的直接后果是法律内容的大幅丰富。同时,也就进一步要求法学教育在内容上做出相应的变化。固然,这类变化是每个时代发展必然会留下的足迹,但在不同的时代,这类变化又千姿百态。在当前的新环境中,法学教育内容所发生的重要变化表现为一种扩张。这种扩张具体有两个维度:其一,是纯粹法律条文上的增补、修订等所带来的教学内容的更改和扩容,如目前《民法典》正在编纂中,在其出台施行后,相应课程的内容必然会做出反应;其二,是在某些方向上深化或与其他领域相结合,造成教学内容的多样化,如对比较法研究的深入使得教学过程中对我国法律制度形成的来龙去脉的介绍更为普遍,跨法域法学的出现使法学教育更具综合性,经济学、社会学等专业能够与传统的法学教育进行良好融合。这种扩张对于非法本的法学研究生而言尤为重要。他们可以在原有专业的基础上,结合法学知识生发出更为精深的内容。而这往往又是社会中最为需要的专业性人才之一。因而,实质上,法学教育内容的扩张与法学的职业教育②具有一定的相互促进作用。

再次,是法学教育方式的更新。要真正将法学教育落到实处,获得相应的成效,必须使用恰当的方式方法。传统教育的方式是课堂上老师单方面的输出,③以课本为主要素材,以板书为主要手段。法学教育作为教育下的一个子项,也沿循了传统教育的方式。然而,这种教育方式所存在的氛围差、效率低、课堂封闭等缺点甚为明显。在提出教改以来,它就一直是被改造的对象。随着新环境中科技的发展,以及对法学人才要求的提高,法学教育方式的更新也势在必行。值得注意的是,法学作为一门极为重视知识记忆、文字表达、文书撰写等的学科,相

---

① 武铁峰、赵智超:《基于大类招生人才培养方式的"核心＋方向"课程体系创建探析》,《中国管理信息化》2017年第13期。

② 邓建鹏:《应用型法学人才的实践能力及实现途径》,《当代法学》2012年6期。

③ 李志义:《推进十个转变,实现大学教学改革新突破》,《中国高等教育》2012年第17期。

对而言,其对传统教育手段的依赖性会比理工科更大。因而,在更新法学教育的方式时应当关注到学科本身的特点。具体而言,法学教育应当在保证基础学科的前提下,进一步兼顾其他方面。① 其中,法学的基础学科中包含有大量理论知识,核心为法解释学的教授。这些内容很大程度上仍然需要通过传统课堂来进行。但是对于传统课堂中的授课方式,应当与时俱进,结合新兴科学,从原来纯粹的板书形式过渡到对多媒体的运用,再发展至对学生掌握程度的考察。此种考察可通过学生的作业提交、课堂报告、案例分析等方式展开,并且应当提倡对互联网、大数据、人工智能等新工具的使用。在兼顾其他方面,可适当加重实践与应用能力的培养,将课堂从校内延伸到校外,包括实证调查、相关部门实习等内容。值得注意的是,由于当前法学与其他领域结合愈发多样和紧密,前述实践的可选择范围也相应获得扩展。如高科技行业法律风险评估项目、大数据采集平台等。

至此,可以将目前以及今后的法学教育定义为:面向但不限于法学专业学生,通过基础知识教授与实践能力应用手段,兼顾法律知识普及与专业技能培养,以最新法律体系和法学研究为内容的教育。

三、法学教育结构的重组

新定义下的法学教育虽然在旧式的法学教育结构里也可以得到一定程度的贯彻,但由于旧式教育结构的定式化,其效果必然会大打折扣。至此,为了使新定义下的法学教育真正落到实处,有必要对法学教育结构进行重组。考虑到针对性和可操作性,笔者将以高等教育中法学课程的设置为教育结构重组的主要对象进行展开。依据不同的标准和层次,此类重组大致可分为三部分内容。

第一,非专业课程与专业课程的区分。随着法学教育的对象越来越广泛,完全使用同一种课程体系显然难以同时满足多种对象的需求。最为基础的是区分非专业性的法学课程与专业性的法学课程。前者面向非法本学生,包括尚未确定专业的低年级本科生。课程内容以基本知识点的概括性介绍、与实际生活联系的释明等为主,注重易懂性、实用性和趣味性。后者面向专门的法学专业学生。课程内容以各部门法律知识点的全面教授、法解释学逻辑的运用为主,注重

---

① 叶金强:《要避免实践教学对理论学理的过度冲击——南京大学法学院院长叶金强谈法学教育》,载南京大学新闻网,2018 年 7 月 5 日,http://news.nju.edu.cn/show_article_8_49934。

专业性、严谨性和深度性。在非专业性法学课程的设置中,还可以进一步进行细分。这种划分是对授课对象进行再分类的结果。一类是通识课中的非专业性法学课程,另一类是导论课中的非专业性法学课程。尤其是在高校中逐步推行"大类招生,分类培养"模式之后,这种划分是可行的,更是必要的。通识课中的非专业性法学课程针对的是所有非法学专业学生。具体安排上,可将所有基本且实用的法律知识都融合到一门课程之中并将其设定为选修课;亦可以将其纳入思政类课程中,作为其中的一部分。这正是在学科之间建立桥梁,使课程与生活联系起来,让每一个学生更好地理解自我、理解社会、理解世界的通识教育所欲达到的最终目的。① 导论课中的非专业性法学课程主要针对本科阶段前一至两年里对法学专业有兴趣的学生。这种导论课应当从学科大类的角度,向学生阐释不同专业的特性与远景发展,包括学什么、怎么学等方面的内容。②

第二,基础课程与非基础课程的区分。这种实质上是在专业课程下的二级区分方式。法学是一门对理论专业基础知识尤为重视的学科。若过于注重实务教育,难免会影响到学生质量。尤其是在他们走上专业岗位之后,很可能在专业上一知半解,在实务上又不甚精通。鉴于此,应当在学生正式进入法学专业的学习阶段中时,优先安排基础课程。考虑到各部门法的地位,以及它们相互之间的关系,可依据法理、宪法、民商法、刑法、行政法等次序进行。这些基础课程应当重在知识点的掌握和法律思维的培养。故在授课方式上,仍然提倡课堂式教学,但应当通过课后作业的布置、课堂提问、课堂讨论等手段调动学生的积极性,提高授课效率。这类基础课程应基本在二年级或三年级第一学期之前完成。有基础课程打下地基之后,便可通过非基础课程对法科生各方面的能力进行进一步提升。非基础课程可以根据基础课程中各部门法的特性进行分别设置,如合同法实务案例研习、行政法实务案例研习、法律文书撰写等;亦可以根据不同时期的需要进行不断更新,如互联网与法学、人工智能与法学。

第三,理论课程与实践课程的区分。这是在非基础课程下展开的三级区分。从非基础课程的内容性质出发,可将其再进一步分为理论课程和实践课程。其中,理论课程以对基础课程的细化和深发为导向,可以是专门针对某一领域的进阶研究,也可以是结合新事物展开的学习。前者如将本科生科研训练(SRTP)

---

① 周光礼:《论高等教育的适切性——通识教育与专业教育的分歧与融合研究》,《高等工程教育研究》,第 64—65 页。

② 张传华:《新时代高校专业导论课教改的方向与路径探讨》,《广东省社会主义学院学报》2018 年第 2 期。

作为可选课程之一,鼓励学生参加以锻炼科研能力。① 后者如华东政法大学建成了国内政法类高校中的首个"互联网＋法律"大数据平台。同时开设了大数据相关课程,学生可以在大数据平台上自行实验,体会大数据的编程、算法建模及数据的可视化,使其对法学专业及大数据先进技术获得更多的认知和触动。亦可开始人工智能课程、语言程序课程等,重视学生利用技术手段解决专业问题的能力,以培养新一代复合型人才。② 至于实践课程,则鼓励将课程从课堂内延伸到课堂外,让学生真正参与到法学知识运用的现实环境中去。实习是实践课程的主要表现形式,对于实习单位的选择应当尽可能的多样化。法学是社会良好运作的保障之一,在任何领域都可能遇到与法律相关的问题。不同的实习形式和实习单位会锻炼学生不同的实践能力。将实习作为必修学分置于本科阶段的最后阶段具有合理性。此外,有能力的教师还可带领学生参与处理一些实际案例或者法律草案修改的工作,以增强学生对法律知识的运用能力。

四、结　语

百年大计,教育为本。教育兴则国家兴,教育强则国家强。在任何社会里,教育都是"人类传承文明和知识、培养年轻一代、创造美好生活的根本途径"③,也是"提高人民综合素质、促进人的全面发展的重要途径,民族振兴、社会进步的重要基石"④。而现代社会对法制化与法治化要求的提出和强调,又将法学教育提到了一个新的高度。至此,有必要使法学教育焕发出新生命。这种新生命的内容应当是在正确分析当前社会、教育、法学、法律环境的前提下,对法学教育内涵的各方面进行探索后,对法学教育课程设置提出的结构性重构。更细节性的内容,则仍有待回到实践中去针对具体情况展开进一步地完善。不可否认的是,随着时代的变迁、新环境的生成、新理念的产生,无论是整个教育本身,还是法学教育单个领域都不可能一成不变。对于教育的探索一直都不会也不能停歇。

---

① 邓建鹏:《应用型法学人才的实践能力及实现途径》,《当代法学》2012 年 6 期。
② 搜狐网:《当教育遇上大数据——教育数据引擎实践复合型人才培养》,2018 年 6 月 20 日,http://www.sohu.com/a/236857758_797679。
③ 习近平:《在联合国"教育第一"全国倡议行动一周年纪念活动上发表的视频贺词》,《人民日报》2013 年 9 月 27 日。
④ 习近平:《做党和人民满意的好老师》,人民出版社 2014 年版,第 2 页。

从法制教育到法治教育

——高校法律基础教学改革①

李 森②

摘 要 在全面推进依法治国战略背景下,法治教育已被纳入国民教育体系,由此掀起新一轮高校法律基础教育改革。文章认为,法治的内涵包括实质意义上的良法、形式程序上的善治以及信仰层面的法律至上。而当前高校法律教育在教学理念、教学内容和方法等方面,总体而言尚未脱离法制教育的窠臼。从法制教育转型升级为法治教育势在必行,当前应着重致力于"良法"精神的培育、"善治"能力的培养以及"法律至上"信仰的塑造,并需在教学内容编排、教学形式创新及师资建设等方面做出调整和改进。

关键词 法制教育;法治教育;教学改革

党的十八届四中全会审议通过的《中共中央关于全面推进依法治国若干重大问题的决定》提出了全面推进依法治国的总目标和重大任务,并指出要"深入开展法治宣传教育,将法治教育纳入国民教育体系"。这是我们党第一次以执政党政治文件和政治决策的方式,正式提出"法治教育"概念并主张将其纳入国民教育体系,从而为高校法律基础教育教学改革指明了方向。但是,关于什么是"法治教育",为什么在进行了长期的法制教育后需要开展"法治教育",以及如何进行从法制教育到法治教育的有效转换等问题至今尚未得到厘清。本文试图以高校法律基础教学改革为视角,在厘清法治及法治教育的内涵,反思以往法制教育内在不足的基础上,阐释实施法治教育的价值理念与路径选择。

---

① 本文发表于《财经论丛》2017 年增刊。
② 李森,法学博士,浙江财经大学法学院讲师。

一、法治及法治教育的内涵

教育部、司法部、全国普法办 2016 年 6 月 28 日联合颁布《青少年法治教育大纲》(以下简称《大纲》)。从《大纲》的规定来看,青少年法治教育内容包括两大方面:一为法治教育,即法治理念与法治原则教育;二为法制教育,包括法律常识教育与法律制度教育。但关于如何衔接二者,《大纲》并未阐明。但是,不阐明法治教育同法制教育之间的关系,学生就不明白为什么需要从原来的法律常识学习转向目前的法治理念学习;不明晰法治原则与法律制度之间的关系,学生就不知晓为何及如何实现法治;不释明法治理念与法律条文之间的关系,学生就无法明了法治的历史意义和现实价值。因而,问题首先在于正确理解和把握作为一种核心价值观的"法治"范畴。

对于与人治对应的"法治"概念,亚里士多德曾有过经典的阐释:"法治应包含两重意义:已成立的法律获得普遍的服从,而大家所服从的法律又应该本身是制定得良好的法律。"[①]这就是后世广为流传的"良法善治"思想的理论源头之一。沿着亚里士多德的思想轨迹,西方学界整体而言较为推崇"法治"理念,较为重视法律制度体系的建构和运行。

在宪法和法治思想界,堪称现代英国法治意义上"立国之父"(Founding Father)的戴雪(A. V. Dicey),第一次较全面地阐述了法治概念和法治原则:"法治有三个指意。第一指意解作国法的至尊适与武断权力相违反。第二指意解作人民在法律前之平等。第三指意为法律至上。"[②]戴雪从法律地位、程序、普适性三方面阐述法治内涵,由此带动了西方形式法治学派的产生。

形式法治主张法律制定的程序化、法律适用的普遍化、司法裁判的公开化,试图用程序民主的方式来实现法治的合理性。但除了形式合理性,还有法治的实质合理性。韦伯(Max Weber)对"合理性"范畴做出了经典解读,在分析社会结构时,韦伯将"合理性"分为形式合理性与实质合理性。形式合理性具有事实的性质,它是关于不同事实之间的因果关系判断;实质合理性则是关于价值、信仰的判断。[③]

形式法治的立场不涉及法治的价值,而仅寄希望于用程序的保障来实现法

① [古希腊]亚里士多德著,吴寿彭译:《政治学》,商务印书馆1965年版,第199页。
② [英]戴雪著,雷宾南译:《英宪精义》,中国法制出版社2011年版,244-245页。
③ [德]韦伯著,林荣远译:《经济与社会》(下卷),商务印书馆1997年版,第401页。

治的公平正义。但民主的方式有时也会产生暴政的后果,纳粹式的民主又何尝不是一种"多数人的暴政"。"二战"后,德国法学家开始集体回归实质理性,反对"恶法亦法"。被誉为德国 20 世纪最伟大的法哲学家拉德布鲁赫(Gustav Radbruch)一针见血地指出:"当正义不被制定法所追求的时候,它即丧失了法的性质。"[1]毋宁说,形式理性的程序、规则需要在实质理性的公平正义指引下发挥作用,即在良法的指引下进行善治。

可以说,法治的内涵既包括实质意义上的良法,也包括形式程序上的善治,更内涵了信仰层面的法律至上。良法即优良的法律制度,它应以明晰、简练的文辞表达公平正义的理念,以保障人权的方式实现社会的安定和谐,以体现公意的程序,获得国民的认可。善治意味着良好的法律得以实施并取得良好效果。法国学者玛丽—克劳斯·斯莫茨(Marie—Claude Smouts)从四个方面归纳了善治的意涵:(1)通过获得社会尊崇的法律保障公众安全;(2)公共机构在法律制度下进行有效管理;(3)国家领导人对人民负责、受人民监督;(4)政务公开,保证公民知情权。[2] 法律至上意味着法治是目的而非手段,摒弃法律工具主义思维,牢固树立法律至上、法治至上理念,任何组织和个人都没有超越法律的特权。美国法学家塔玛纳哈(B. Z. Tamanaha)指出,法律工具主义会导致高级法的坍塌和公共利益的堕落。[3] 因为,一旦法律被认为仅仅是一种工具,那么,蕴含在法律中的公平正义等法治理念就会黯然失色,也会被掌管法律的特权阶层随意取舍。

作为一国或地区范围内全体法律制度的总和,法制强调法律规则的完整性,至于法律规定是否合理、法律适用是否公正、法律是否被服从等问题则不加过问。可以认为,法制满足了依法而治的基本要求,但是有了法制绝不意味着法治的实现。[4] 党的十八届四中全会首次以全会的形式,专题研究部署全面推进依法治国这一基本治国方略,开启了全面推进依法治国的新征程。从建立社会主义法制体系到建立社会主义法治体系,"把权力关进制度的笼子""一切改革举措都要于法有据"等政策主张和措施,体现出了法律至上的法治理念和原则。相应地,高校法律基础教育也应从"法制教育"转型升级为"法治教育"。

---

① 雷磊:《再访拉德布鲁赫公式》,《法制与社会发展》2015 年第 1 期。
② [法]玛丽—克劳斯·斯莫茨著,肖孝毛译:《治理在国际关系中的正确运用》,《国际社会科学杂志》1999 年第 1 期。
③ [美]布赖恩·Z.塔玛纳哈著,陈虎译:《法律工具主义对法治的危害》,北京大学出版社 2016 年版,第 303 页。
④ 王利明:《法治》,北京大学出版社 2015 年版,第 21 页。

二、法制教育的问题与不足

近年来,作为高校法律教育主要教材的《思想道德修养与法律基础》,对于法治教育的内容和篇幅逐版递增,更好地反映和适应了从法制教育到法治教育的转型需要。这也促使我们反思长期盛行的法制教育的内在不足,进一步明确法律教育教学的改革方向。

首先,在教学价值理念层面,更多地注重法律知识传播,一定程度上忽视了法治精神的培育,尚未完全脱离法律工具主义思维。《教材》关于法治的内涵、法治思维的含义、特征、基本内容等方面,均有了明确的表述,如"法治就是按照法律治理国家、管理社会、规范行为,是对人治的否定","法治思维是指以法治价值和法治精神为导向,运用法律原则、法律规则、法律方法思考和处理问题的思维模式"[①]。但在长期以来形成的法制教育模式下,教师一般将法律体系作为一种(类)知识工具看待,以传授上述法律知识体系为己任,一定程度上忽视了对法律本身及其背后善治精神的思考。

其次,从教学内容编排来看,法治教育比重不足,难以适应"全面推进依法治国"总目标的需要。《教材》虽然增加了法治教育的有关章节,但在八章加绪论的总体结构安排中,只有三个章节是法学内容。其中,主要又是在介绍法律的概念与特征、社会主义法律体系、公民基本法律权利与义务等,多属于知识性教育。而对于法治的内涵、价值、运作机理、法治观念和思维的型塑等,多停留在宏观阐述层面。并且,从教材的编排来看,长期以来法治教育从属于德治教育的状况并没有得到根本改观。法治教育的内容位于德治教育之后,而且在法治教育内容中存在德治的内容。正如有学者所指出的:"在教材安排、内容讲授、教师队伍专业性、考核侧重等方面,法治教育同德治教育并未在同一起跑线。"[②]

再次,专业师资力量欠缺及其导致的法治教育课时安排过少。总体而言,"基础"教师多为思想政治理论工作者,包括专任教师和兼职教师。其中,专任教师学科背景又多为马克思主义理论与思想政治教育,他们具有深厚的马克思主义理论功底和较高的思想政治理论素养,但对于法律与法治教育来说则力有不逮;兼职教师多为负责学生工作的专职副书记和广大辅导员,学科出身理、工、

---

① 高校思想政治理论课教材编写组:《思想道德修养与法律基础》,高等教育出版社2015年版,第154、178—182页。

② 徐蓉:《当前高校法治教育发展的障碍与突破》,《思想理论教育》2016年第11期。

经、管、农、医等皆而有之。法学毕竟是一门有独立研究对象的古老学科,没有经过数年甚至更长时间专业学习很难领悟到法学真谛和法治精神。如此一来,课堂教学易演化为概念、原则、特征的罗列,学生学习兴趣不高,更无法奢谈法治观念和法治精神的培育。

最后,在教学方法层面,现行法律教育对实践教学重视不足。法学是一门实践性非常强的学科,法治是一个动态的实践性过程。法律教育因而要结合大量的案例,并使学生亲身参与到司法实践中。法科专业学生毕业前都需要去司法机关、律师事务所、企业法务部门等单位实习。作为面向全校各专业的公共基础课,高校法律教育虽不能做到法律专业学生实习的广度和力度,但确也需要相应的社会实践。但当前高校法律教育存在注重法律知识讲授,轻视司法实践培养,甚至同司法实践脱节的问题。总体而言,我们的法律教育仍然滞留于法制教育阶段,学生很难理解法治的真正内涵和法治的运行机理。

三、法治教育的路径选择

法制教育以法律知识的传播为己任,其静态性、价值无涉性等特征,直接或间接导致前文所述高校法律教育教学的一些问题;法治教育则应在法制教育的基础上,更加注重实质意义上的"良法"、形式程序上的"善治"与信仰层面的"法律至上"三大方面的教育教学。并应从教学内容编排、教学形式创新及法律专业师资建设等方面做出调整和改进。

首先,在全面阐述法治内涵的基础上,培育"良法"精神。法治教育的首要任务即是明确法治的内涵。在法治教育过程中法律知识的传授是必不可少的,我们需要做出改变的不是废除法律知识教学而是转变教学重点,即从原来的概念与特征的罗列变为价值与内涵的讲解。即法律为什么如此规定?背后的价值选择是什么?此种教学重点的转变不仅是明晰法治内涵所需,也可以起到事半功倍的教学效果。正如有学者提到:"人领悟法的价值与内涵之后可以大致推导出法律规定。"[①]

其次,开展互动式与实践教学,培养"善治"能力。在良法的指引下进行善治,是全面推进依法治国的应有之义。法学是与现实生活联系紧密的学科,只凭借书本教学难以达到理想的效果。因此,在课堂教学过程中,可以现实生活中的

① 江必新:《法治精神的属性、内涵与弘扬》,《法学家》2013年第4期。

热点案件为切入点,引发和引导学生讨论,实现师生之间的互动。在课内外实践中,可安排模拟法庭,不同学生进行法官、检察官、律师等角色模拟,有条件的话可以安排学生去实际庭审现场旁听,让学生身临其境并亲身参与法治实践。学校既可以聘请实务经验丰富的法官、检察官、律师为兼职教师,也可与当地司法机关签订实践教学协议,在司法机关内设立实践教学基地。

再次,培育三位一体法治思维,塑造"法律至上"信仰。一般而言,法治思维体现为内心信仰法律,并习惯于运用法律分析问题解决问题。从《教材》内容来看,关于法治思维的教学内容主要体现为两个方面:一是政府层面的依法施政和行政;二是个人层面的依法维护自身的合法权益。但是,在政府与个人之间还存在社会这个中间层面。社会如何依法治理也应是法治思维必须思考的问题。从善治的角度来讲,法治国家是政府、社会、个人和谐共治的结果。三者之间存在着权利制约权力、自治平衡他治的关系。应该说,法治思维在政府、社会、个人三者中体现的侧重点各有不同,政府中的法治是权力制约,个人的法治是权利保障,社会的法治是理性的自治,但是法治所讲求的规则之治、法律至上是三者的共性。① 因此,法治思维应当是政府、社会、个人的三位一体,"法律至上"的信仰亦应于此间塑造。

最后,在师资队伍建设、法学院系与思政课教学融合、专属教材、课程设置、教学内容与方法等方面,整合发力,共同推进我国高校法律教育从法制教育到法治教育的转变,以适应全面推进依法治国战略的需要。

---

① 江必新、王红霞:《法治社会建设论纲》,《中国社会科学》2014年第1期。

法学研究生学位论文质量保障体系初论①

汪庆红②

摘　要　为了不断提升法学专业研究生学位论文的质量,应当从体系化的角度探讨学位论文质量保障的机制构建或制度建设。这一质量保障体系应当由法学研究生的教务管理和专业培养两个方面构成,从法学研究生的招生录取、教学管理、课程讲授、学生管理、论文指导和学位授予的各个阶段着眼,加强相关制度建设,并确保其有效运行。出于这一考虑,我校法学专业研究生的学位论文质量保障有必要在维持已有的制度设置的前提下,着重三个方面的制度完善,即提高论文写作在专业课程测试形式中的比重、明确研究生学术论文发表的期刊目录及其奖励措施和扩大法学专业研究生课程更新频率设定的自主权。

关键词　法学研究生;学位论文;质量保障体系

一、法学研究生学位论文的质量现状

自 1978 年恢复研究生招生工作以来,我国研究生培养呈现一个由项目重启(1978—1988)到规模扩张(1999—2016)再到内涵发展(2017—)的不断精细化的推进路径。从培养效果的角度审视,这实际上是一个研究生培养质量标准从无到有、由弱到强的演变过程。然而,研究生培养质量却不是持续上升的。近年来,越来越多的有识之士致力于探讨强化我国研究生培养质量的提升之道。

在诸多内容之中,学位论文质量是意义最为重要、结论最具有代表性、结果最具有直观性、指标最为客观的研究生培养质量评判标准。同样,学位论文质量状况也是最能反映我国研究生培养水准的核心要点。以 2015 年教育部对 2014

---

①　本文系浙江财经大学 2016 年度研究生教育创新项目"法学研究生学位论文质量保障体系建设研究"的研究成果。

②　汪庆红,法学博士,浙江财经大学法学院副教授,硕士生导师。

年度全国各研究生培养机构提交的学术型硕士研究生学位论文的抽检结果为例,在抽取出的 16275 篇学位论文中,共有 286 篇为不合格论文,占比 1.76%。①不合格论文的比重虽然较低,但考虑到这些论文均为经过学生多次修改、导师审核把关、评审专家评阅过关、答辩小组反复追问、培养单位形式审查并授予学位的学位论文,这个将近百分之二的比例,说明我国研究生学位论文的撰写、指导和评审等诸多环节仍然存在着较为严重的疏漏问题。具体就法学专业的研究生学位论文质量状况而言,根据不完全统计,在上述 286 篇不合格论文附有专家评阅意见的 11 个学科的 124 篇研究生学位论文中,法学专业论文共有 11 篇,占比 8.87%,位居工学(23.39%)、经济学(16.13%)、管理学(12.10%)、艺术学(11.29%)和文学(10.48%)之后,其不合格比重位居中游;但参照国家统计局对 2014 年各专业研究生的毕业人数统计结果,②法学研究生不合格论文数量占据该年法学专业毕业研究生人数(36587 人)的 0.030%,低于艺术学、经济学和文学研究生不合格论文所占该专业研究生毕业人数(分别为 15044 人、24021 人和 29854 人)的占比(分别为 0.093%、0.083% 和 0.044%)。可见,至少在 2014 年,在 11 个学科当中,我国法学研究生学位论文的不合格率仅低于艺术学、经济学和文学,其质量状况不容乐观。

二、法学研究生学位论文质量保障体系的构成要素

为了提高法学研究生学位论文的质量水平,提高研究生培养质量,法学教育理论研究者或研究生教育管理者在不断倡导或尝试形式多样的学位论文质量保障措施或其制度化形式,其中包括做好选题开题准备工作、抓好论文工作阶段检查、严格要求论文撰写规范、深化管理机制等学位论文撰写过程中的技术保证工作;③或者注重加强研究生的学术道德教育、严格导师责任制度、鼓励研究生参加实践等具体工作,以强化学位论文选题中的问题意识;④或确立以案例研究为

---

① 转引自李敏、陈洪捷:《不合格学术型硕士研究生学位论文的典型特征——基于论文抽检专家评阅意见的分析》,《学位与研究生教育》2017 年第 6 期。

② 关晓静总编:《中国科技统计年鉴》(2015 年),中国统计出版社 2015 年版,第 19 页。

③ 甘国强:《法学硕士研究生的学位论文质量分析》,《云南大学学报法学版》2013 年第 1 期。

④ 廖中洪:《研究生学位论文选题中的问题意识——法学学位论文质量保障的视角》,《现代教育科学》2014 年第 1 期。

主要方向的法学研究生教学和论文选题的指导思想。[①] 诸如此类,不一而足。但在笔者看来,针对法学研究生学位论文质量保障问题的相关研究,最突出的不足在于忽视了法学研究生学位论文撰写活动的整体性或系统性。

从研究生培养的运行逻辑着眼,可以认为,对于任何专业或学科的研究生而言,学位论文撰写既是专业培养的最后环节,也是检验专业学习成效的终极形式。这意味着,研究生学位论文的质量保障不应仅限于论文撰写的核心阶段,而应当扩及研究生的招生、导师的管理、课堂教学、课内外学术训练,以及学位论文的撰写、指导、审核、答辩和抽检等多项工作和多个环节。这意味着,研究生学位论文撰写的这些环节和方面,具有相互联系或彼此依存的影响关系。特定活动的开展或环节的推进,都会影响到其他方面或工作。与此相关的制度设计也应将可能受到影响的因素或环节考虑在内。

再就研究生学位论文质量评价的实践经验而言,尽管研究生学位论文质量的具体要求,教育界并没有统一的界定标准,但前引 2015 年教育部对 2014 年度学术型硕士研究生学位论文的抽检标准,实际上可以作为研究生学位论文合格与否的参考标准。根据学者统计,评议专家对不合格论文所做的否定性评价中,使用词频最高的主要有作者科研能力、论文规范性、论文创新性和价值性、文献综述质量、作者学术态度和行为、选题意义和严谨性六个方面。[②] 由此不难发现,一篇合格的研究生学位论文至少应当在论文的主题设定、表达形式、学术贡献等方面呈现一定程度的新颖性、创造性、积极性,并能反映作为作者的研究生的科研能力和学术态度(见表1)。这不仅意味着研究生学位论文质量保障体系的构建应当着眼于论文撰写与指导的之前、之中和之后,还表明,研究生学位论文质量保障的措施,应当兼顾研究生客观层面上的研究能力和主观意义上的学术态度、微观层面的研究生培养和宏观层面的研究生管理、专业培养上的学术创新性和科研素养上的学术规范性。总之,对于包括法学专业在内的研究生学位论文质量保障措施的选择及其制度设计,应当坚持体系化的思维模式。

[①] 李友根:《法律硕士论文质量与案例研究:现状考察与改善建议——基于"惩罚性赔偿"学位论文的研究》,载黄进主编:《中国法学教育研究》2017 年第 1 辑,中国政法大学出版社 2017 年版,第 34—35 页。

[②] 李敏、陈洪捷:《不合格学术型硕士研究生学位论文的典型特征——基于论文抽检专家评阅意见的分析》,《学位与研究生教育》2017 年第 6 期。

表 1　学术型硕士研究生学位论文评价标准体系

项目	细目	评价指标
作者的科研能力	分析和解决问题的能力	文题相符程度、概念界定清晰度、论述严谨和充分程度、推理严密程度、理论性或研究深度、研究重点突出程度
	研究方法的科学性	研究方法的多样性或正确性、数据资料的可靠性与真实性、样本选取的科学性
	学科基础知识的系统性和扎实性	常识性错误的数量
	论文结构的严谨性	论文结构安排的严谨性和科学性、章节设定的逻辑性
作者的学术态度	论文撰写的工作量	论文写作过程中作者在时间和精力上的付出
	抄袭现象的程度	抄袭或直接照搬相关文献资料的现象
选题的学术质量	选题的新颖性	选题的独特性
	选题的关键性	选题与所学专业的关联性、对学科发展的意义
	选题的可行性	选题涉及范围的大小、研究所需主客观条件的成熟性
论文的学术贡献	论文的创新性	论文研究思路、内容、方法和结论的创新性、论文结论的针对性、科学性和可靠性
	论文的价值性	研究结论的可靠性和对现实问题的指导意义
论文的格式要求	格式的规范性	文章排版、图表绘制和编制、中英文符号和单位的简写、摘要、参考文献、目录的写作或格式的规范性
	语言的规范性	语言表达清晰度、口语化现象严重程度、写作简洁性、标点符号使用规范性、错别字数量、翻译的正确性
	引证的规范性	论文数据和引用文献来源的标准情况、参考文献罗列的规范度
文献综述的质量	参考文献的量	参考文献的数量、发表时间的新颖性、国外文献的数量
	综述的撰写水平	文献综述结构清晰度、综述内容的完整度（研究脉络、进展和不足）、结论的价值性

　　所谓体系化，按照萨维尼的解释，就是基于对特定事物之间的"内在关联或者亲和性进行认识和描述"，借以将这些事物"连接成一个大的统一体"。① 因此，体系化思维的特点就在于将思维客体看作是一个由不同子系统和要素构成的统一整体，通过探究这些要素或子系统之间的"内在关联或者亲和性"，揭示这个整体的内在构成及其运行机理。制度设计上的体系化思维就是依据这一整体

---

　　① ［德］弗里德里希·冯·萨维尼著，朱虎译：《当代罗马法体系 1》，中国法制出版社 2010 年版，"前言"第 14—15 页。

的内在构成和运行机理,从尊重不同要素或子系统之间"内在关联或者亲和性"的角度出发,设定各个子系统的关系模式和各个要素的规范要求。具体就法学研究生学位论文质量保障手段的选择而言,按照体系化的考察视角,可供选择的思路应当是研究生学位论文质量保障体系的构建,而不应是若干个别化举措或孤立的创新性技术的运用。

大体而言,与其他专业相同,法学专业研究生培养工作主要由教务管理和专业培养两个方面构成,前者主要由培养单位的研究生管理部门组织或执行,其内容主要涉及研究生的招收和录取、研究生在校期间的行为规范、研究生教学人员的遴选和管理、研究生课程的设置、研究生学位授予工作的组织与监管等事务性工作;后者由专业教学人员负责和执行,其活动内容涉及学术理念的引导、专业知识的介绍、研究方法的传授、学习过程的监督、科研实践的指导和科研成果的评价等技能性方面。具体而言,以研究生学位论文质量保障为切入点,两项工作的意义或作用,可以概括为以下几个方面(见表2)。

表 2　专业研究生培养环节的影响

项目	环　节	影　响　方　式
教务管理	研究生的招收、录取与考核	招生方式与考核形式的选择,录取标准的确定
	研究生在校期间的行为规范	对学术不端的惩罚
	教学人员的遴选和管理	对导师的遴选与考核,对导师指导活动的管理与监督
	研究生课程的设置	设定学位论文写作相关的专业课程
	学位授予工作的组织与监管	审查论文形式,组织对论文的评审与答辩
专业培养	学术理念的引导	强化研究生对学术理念和科研态度的认同与践行
	专业知识的介绍	提供论文撰写所需的基础知识和文献背景
	研究方法的传授	呈现论文选题研究所需的方法依赖
	学习过程的监督	督促论文撰写的过程推进和成果修缮
	科研实践的指导	为研究生从事论文相关的课外科研活动提供实践平台或咨询意见
	科研成果的评价	审阅论文及其相关研究成果并出具审核意见

再参照前述研究生学位论文质量的各项指标,我们认为,法学专业研究生学位论文质量保障体系应当以教务管理和专业培养为运作平台,以下列五个方面的规范性要求作为内涵标准。

首先是法学研究生的招录与考核方面,应当突出对考生书面表达能力和专业基础知识的考查。与理工类或经管类等突出技术理性的学科专业不同,法学专业的培养要求更加突出交往理性和沟通技巧等方面的显著特质,因而对研究生的学术视野、综合分析和书面表达能力有更高的要求。这就要求在研究生招录方面,要在突出法学专业基础知识的同时,关注考生的思想政治理论课程成绩;要兼顾知识识记与表达逻辑在考生评价指标中的重要性,适度提高表达技巧和表述思路在考察分值中的比重;要强化选拔考察内容的多元化与立体化,加大面试成绩在考试综合成绩中的比重,等等。在研究生的考核方面,应当鼓励授课教师采用论文撰写或文献综述等突出书面表达能力考察的课程考核方式;在设定课程考核评分标准时,应当加大阅卷教师的自由裁量权;在设定阶段考核目标时,应当在加强论文发表期刊或学术交流平台审核工作的前提下,加大学术论文公开发表或宣读的分值,鼓励研究生在国内外学术期刊或学术会议发表学术论文,进而在拓展研究生学术视野的同时,强化研究生的学术训练经验和效果。

其次,在法学研究生在校期间的行为规范方面,应当明确学术不端行为的具体表现形式,加大对学术不端行为的惩处力度,扩大学术不端行为惩罚的适用范围,对课后作业、考核论文、期刊论文、学位论文中被发现的抄袭、不规范引用等不端行为,设定形式和程度不同的惩罚措施。

再次,在研究生教学人员的遴选和管理方面,应当突出导师和教学人员从事学术研究方面的经验和品德要求,设定合理的科研业绩标准,确立学术不端的一票否决制;明确导师对研究生学位论文写作活动指导的具体内容、要求和责任,建立健全对导师指导工作的监督考核和奖惩机制;鼓励导师与研究生之间的实质性学术合作行为,同时又应对导师与研究生之间的学术关联行为实行严密监管,明确师生学术合作中的权益分配,防止导师对研究生的学术侵权。

从次,在研究生课程设置方面,应设置法学学术论文写作技巧相关的专门课程,并选聘专业论文写作和发表方面业绩优良的专业教师主讲;应加大法学各专业学科前沿方面的课程设置,尤其是赋予研究生更大的专业课程选择范围;提高法学专业选修课程目录的更新频率,鼓励教师开设研究生学位论文选题相关的专业课程。在专业课程讲授过程中,应当明确新颖性、创造性和规范性的学术理念培育和法学基本研究方法的介绍与训练在专业课程讲授中的必要性地位。

最后,在学位授予工作的组织与监管方面,有必要建立健全法学专业研究生学位论文在重复率、参考文献数量、发表时间新颖性、外文文献比重等方面的形式审查标准或涉及相关的检测软件;明确和细化研究生学位论文写作过程、导师指导、专家评审、公开答辩等环节在实体上和程序上的控制性要求;建立并严格执行研究生学位论文答辩后的抽检机制,并明确相应的责任人员和奖惩标准。

由上可知,法学研究生学位论文的质量保障需要从教务管理和专业培养两个方面,在招生录取、教学管理、课程讲授、学生管理、论文指导和学位授予等研究生培养的所有阶段,加强制度建设,强化制度执行,完善监控机制,确保各个阶段前后继起、相互连接,各个方面相互配合、协同制约,进而维护法学专业研究生学位论文质量的稳定和提升。

三、完善我校法学研究生学位论文质量保障机制的几点建议

实际上,参照我校研究生教务管理和专业培养的制度设置及其运行实践,至少就法学专业而言,前述法学专业研究生学位论文质量保障体系的绝大部分指标已得到确认或实现。但受到办学条件的限制,法学专业研究生学位论文质量保障体系健全方面仍有进一步提升的空间,主要体现为以下几个方面。

一是提高论文写作在专业课程测试形式中的比重。浙江财经大学是一所以经济、管理学科为主体的财经类高校,因而在本科生与研究生教学管理方面具有一定的理工学科色彩。具体就课程考核形式设定而言,我校研究生教务管理部门更推崇试卷考察的形式,而对论文写作的期末考核形式则设有一定的限制。如前所述,无论是就法学研究生的就业方向而言,还是从包括学位论文在内的法学论文的写作思路或行为风格的角度考察,法学研究生在学习期间更应当获得的是书面表达和说理的能力和经验。因此,通过撰写专题论文的方式,考察研究生对课堂教学知识的把握程度,不仅更为全面和深刻,还有助于提升研究生的学术论文写作经验和技术。更何况授课教师对课程论文的专业评阅,使研究生得以获得便捷的论文写作矫正提示。由此,我们认为,我校应当赋予法学院对法学专业研究生课程考核形式的自主选择权。

二是明确研究生学术论文发表的期刊目录及其奖励措施。根据我校最新的"硕士学位授予工作细则"的规定,研究生申请学位论文答辩,已不要求预先以"独立或第一作者或第二作者(导师第一)在公开出版的学术刊物上发表论文(字数在4500字以上)1篇以上"。这意味着,包括法学专业在内的在校研究生,在撰写学位论文之前,并不需要有撰写学术论文的经验或经历。尽管我校设立了对研究生在我校规定的一级期刊发表学术论文的奖励制度,但对多数不以学术研究为职业取向的研究生而言,这种奖励措施可谓口惠而实不至。因而对于大多数法学研究生而言,在我校规定的国家二级或省级期刊发表学术论文,既没有

压力,也缺乏任何意义上的动力。毫无疑问,这一制度现状并不利于鼓励法学研究生在撰写学位论文之前积累学术论文的写作或投稿经验,进而加大学位论文写作的难度和论文质量拙劣的风险。有鉴于此,我们认为,为了激发法学研究生撰写或发表专业学术论文,提升学位论文写作的经验积累,有必要在保留已有的论文发表奖励措施的基础上,增设研究生在其他级别期刊发表论文的奖励性规定;同时,为了防止法学研究生在声誉低下的期刊发表论文的现象的泛滥,学校应当允许法学院规定限制发表论文的期刊"黑名单",以确保法学专业研究生的论文写作努力得到积极的肯定和应有的回报。

三是扩大法学院研究生课程更新频率设定的自主权。与其他专业有所不同,由于近年来我国法治建设和法学研究获得了长足发展,法律运行过程中出现了大量的新问题或新现象,有的问题或现象甚至对已有的法学知识或理论基础提出了明确的挑战,这使得法学理论或研究方法呈现不断更新的发展态势。这也使得法学研究生学位论文选题所需要的新颖性常常体现为对法律运行或法律理论新问题的关注和研究。作为法学专业研究生学位论文撰写的知识准备环节的专业课程讲授,有必要为此做出相应的调整。因此,我校应当维护法学院对研究生课程更新频率设定的自主权,建立自下而上,从培养单位到教务管理的研究生课程更新机制,以强化法学专业课程设置和讲授对法治建设实践的回应能力,进而提升法学专业研究生课程教学对学位论文撰写的专业保障效能。